Norbert Golluch

ALUKÄPPCHEN *und der böse* AVOCADOLF

Norbert Golluch

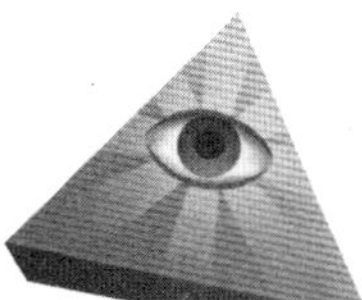

ALUKÄPPCHEN und der böse AVOCADOLF

Das Buch der Verschwörungstheorien

riva

Bibliografische Information der Deutschen Nationalbibliothek
Die Deutsche Nationalbibliothek verzeichnet diese Publikation in der Deutschen Nationalbibliografie. Detaillierte bibliografische Daten sind im Internet über http://dnb.d-nb.de abrufbar.

Für Fragen und Anregungen
info@rivaverlag.de

Wichtiger Hinweis
Ausschließlich zum Zweck der besseren Lesbarkeit wurde auf eine genderspezifische Schreibweise sowie eine Mehrfachbezeichnung verzichtet. Alle personenbezogenen Bezeichnungen sind somit geschlechtsneutral zu verstehen.

Originalausgabe
1. Auflage 2021

Türkenstraße 89
80799 München
Tel.: 089 651285-0
Fax: 089 652096

Redaktion: Selina Hartmann
Coverillustration: Jan Buckard
Satz: Andreas Linnemann
Druck: CPI books GmbH, Leck
Printed in Germany

ISBN Print 978-3-7423-1650-9
ISBN E-Book (PDF) 978-3-7453-1241-6
ISBN E-Book (EPUB, Mobi) 978-3-7453-1240-9

INHALT

»Lasst, die Ihr eintretet, alle Hoffnung fahren!«

Die Göttliche Komödie, Inferno III, 9 (Das Höllentor)

Vorwort

Stellvertretend für all die großartigen Menschen, die es sich zur Aufgabe gemacht haben, uns die Welt zu erklären, sollen Ihnen in diesem Vorwort zwei Personen vorgestellt werden, die im Titel dieses Buches stehen und viele von uns Durchschnittsmenschen in mancher Hinsicht um Längen überragen:

Avocadolf. Ein sensationell erfolgreicher Vegankoch, TV-Talkshow-Gast, Kochbuchautor und Unternehmer hat – unterstützt von allen Medien – die vegane Ernährungsweise aus der Körnerfresserecke rüber in die Abteilung Lifestyle teleportiert. Er bietet seine gesunden Produkte online und in der Schnellgastronomie von Berlin an, bringt aber der Menschheit neben der ökologisch korrekten Nahrung eher schwer verdauliche Thesen: Er ist aktiver Corona-Leugner und glaubt, die Regierung wolle mithilfe der Pandemie und der üblichen jüdischen Verschwörer einen neuen Überwachungsstaat etablieren. Die Zahl seiner Gegner ist Legion, zu ihnen zählen Bill Gates, Angela Merkel und George Soros, er kämpft gegen Antioxidantien und linke Chaoten, aber er ist nicht allein: Der sportliche Deutsch-Türke solidarisiert sich mit Xavier Naidoo und dessen Anhängern, die er wie auch die Reichsbürger zu den wahren Demokraten, Patrioten und deutschen Nationalisten zählt. Avocadolf ist eine beeindruckende Erscheinung, tritt wie auch Putin öffentlich mit bloßem Oberkörper auf, fährt Porsche GT3 und ist eine Lichtgestalt unter den Querdenkern und Verschwörungstheoretikern, die ihresgleichen sucht. Wegen seiner großartigen Leistungen trägt er im Netz auch die vom politischen Gegner verliehenen Pseudonyme Gemüse-Goebbels,

Hitlauch, Hirse-Hitler, Gurken-Göring und eine Reihe anderer Ehrentitel, bestehend aus Gemüse-Nazi-Kombinationen.

Weniger imposant kommt die zweite Persönlichkeit daher: Alukäppchen, bescheidene Märchengestalt, scheinbar ohne festen Wohnsitz und so extrem scheu, dass kaum einer von uns sie je zu Gesicht bekommen hat. Wenn man sie mal irgendwo antrifft, dann in der eigenen WG. Nachhaltig auf ihre körperliche und geistige Gesundheit bedacht, schützt sie sich mit ihrer sagenhaften Kopfbedeckung aus Aluminiumfolie vor tödlichem Elektrosmog und der überaus gefährlichen Handystrahlung, meidet aber Aluminium in ihrem Deo wie der Teufel das Weihwasser. Die Kopfbedeckung aus Aluminium soll, wie man ja weiß, auch jede Gehirnmanipulation durch das teuflische 5G-Netz unterbinden. Alukäppchen schießt aber jede Woche mindestens sechs Selfies mit ihrem Mobiltelefon. Sie glaubt an den heiligen Klimawandel, findet Greta unheimlich cool, lebt gluten- und laktosefrei, hält Impfungen für lebensgefährlich, bekämpft die schlimmsten Seuchen mit Globuli, hat zu Hause einen Kefirpilz und eine Carpe-Diem-Tätowierung an einer Stelle, die sie nur ganz wenigen Mitverschwörern zeigt.

Beide gehören sie zu uns. Schlimm? Traurig? Eine Schande? Das sollten eine funktionierende Demokratie und ein gesunder Menschenverstand schon aushalten können. Wie unser Immunsystem braucht vielleicht auch unser Geist aktivierendes Training – ein Grund, hier weiterzulesen ...

Geben Sie aber gleich zu Anfang die Hoffnung auf, hier klare Aussagen und erhellende Erkenntnisse zu den beliebtesten Verschwörungstheorien zu finden – in vielen Fällen scheint es auf der Hand zu liegen, dass es sich um pure Wahnideen handelt. Manchen Gedankengängen mag man zumindest ansatzweise folgen, aber letztlich kann niemand wirklich sagen, was wahr und was im Bereich der Verschwörungen die Ausgeburt frei laufender Hirntätigkeit im Fehlermodus ist, sozusagen ein mentaler Überspannungsschaden. Nicht zuletzt deshalb ist es in der Politik eine beliebte Übung, eine unliebsame Gegenposition mit einem einzigen Satz ins Glaubwürdigkeitsnirwana zu schicken:

»Das ist ja eine reine Verschwörungstheorie!«

Auch das Chaos in diesem Buch sollte Sie nicht verwundern. Die Welt der Verschwörungen ist alles andere als geordnet, die Wahnsysteme sind vielfach ineinander verschachtelt, bauen aufeinander auf, überschneiden sich, vermischen sich mit nachvollziehbaren und realen Fakten und lassen eine Art gedanklichen Kabelsalat entstehen, den zu entwirren alles andere als einfach ist. Wundern Sie sich deshalb auch nicht über Doppel- oder Mehrfachnennungen – es wurde versucht, in den einzelnen Teilkapiteln jeweils einen Fokus zu setzen, der aber auch in die angrenzenden Themen hinüberscheinen kann.

Elvis ist nicht tot und McDonald's Burger werden aus Regenwürmern gemacht. Wahrheit oder fantasievolle Erfindung? Die reine Wahrheit, da ist sich jeder chronische Verschwörungstheoretiker sicher. Zumal sich für McDonald's ohnehin jede Form von boshaftem Umgang mit den Ressourcen unseres Planeten geradezu anbietet. Könnte es nicht sein, dass die Fast-Food-Kette in großem Maßstab Eis aus der Arktis verkauft? Dann wären es nicht die vielen Millionen Tonnen CO_2, die die Klimaerwärmung verursachen (die Verschwörungstheoretiker ohnehin für reine Erfindung halten), sondern die klöternden

Eiswürfel in Ihrer Cola, die den niedlichen Eisbärenbabys den kühlen Boden unter den Füßen entziehen.

Und wussten Sie, dass billige Reifen mit Überschüssen aus der Lakritzproduktion hergestellt werden? Eine schöne Theorie, die es durchaus wert wäre, verbreitet zu werden. So funktionieren Verschwörungstheorien: Das Gehirn in den JS-(Junk-Science)-Modus schalten, die aberwitzigsten Gedanken aus dem zerebralen Papierkorb angeln und zu einem veritablen Wahngebäude ausbauen.

Verschwörungstheorien müssen

- illegale oder besser noch unmoralische Aktivitäten beschreiben, die von
- einer rätselhaften oder im Verborgenen agierenden Interessengruppe (zum Beispiel »denen da oben«) betrieben werden und
- gegenüber uns gewöhnlichen Menschen in einer öffentlich-rechtlichen Version völlig falsch dargestellt oder verschleiert oder aber überhaupt nicht zur Kenntnis gebracht werden.

Die Welt wird immer komplexer, und man hat zunehmend das Gefühl, nichts mehr richtig zu verstehen. Eine Fülle von Nachrichten, nicht eingeordneten Botschaften und Informationsschnipseln bricht jeden Tag über uns herein. Da ist es doch eine Form von intellektueller Selbstverteidigung und naheliegend, nach Erklärungen für Sachverhalte zu suchen, sie in einen Zusammenhang zu bringen und nach ihren Ursachen und Verursachern zu forschen. Allerdings entsteht dabei oft eine egomane, verschrobene Weltsicht, vielleicht sogar ein kurioses Wahngebilde. Andere Erklärungen scheinen derartig naheliegend und überzeugend zu sein, dass sie mit überraschender

Geschwindigkeit Anhänger finden, die sie weiterverbreiten. Schon ist eine Verschwörungstheorie geboren, die einige Aspekte der Wirklichkeit elegant, scheinbar logisch und vor allem auch unterhaltend einordnet und erklärt. Oder es geschieht der nicht unwahrscheinliche Fall, dass eine Verschwörungstheorie nicht nur gut gemachte Erklärungen für bestimmte irritierende Aspekte der Wirklichkeit liefert, sondern sich als wahr erweist. An einigen Stellen macht es Sinn, eine abschließende Bewertung zu unterlassen und zu sehen, was die Zeit mit sich bringen wird.

Die Verschwörungstheoretiker

Sie werden hier eigentlich nur erwähnt, damit sie später nicht mehr erwähnt werden müssen. Viele Verschwörungstheorien haben viele Väter und Mütter, sodass eine Zuordnung zu einer einzelnen Person oder Personengruppe möglicherweise zu erheblichem Streit unter den sogenannten »Experten« und vermutlich schon wieder zu einer neuen Verschwörungstheorie führen könnte. In anderen Fällen ist die Quelle für ein vermutetes Komplott einfach nicht mehr auszumachen. Und schließlich gibt es eine Gruppe von besonders bemitleidenswerten Gedankengebäuden, deren Architekten lieber geschont werden sollen, damit niemand über sie sagt: Der oder die hat das in die Welt gesetzt? In welchem Landeskrankenhaus sind diese armen Opfer in Behandlung? Manchmal allerdings lässt es sich nicht vermeiden, Ross und Reiter zu nennen, nämlich dann, wenn eine Theorie eindeutig einem kreativen Hirn zuzuordnen ist – man könnte sie die ganz großen, abgeflogenen Theorien nennen. Sie scheinen übrigens Männersache zu sein. Kaum eine Frau würde sich so einen haarsträubenden Unsinn ausdenken, könnte eine Vertreterin des rationaleren Geschlechts mit Fug und Recht feststellen.

Bei dieser Einstellung gegenüber den Quellen stellt sich noch eine Frage: Was, wenn Sie eines der hier wiedergegebenen Konzepte der Weltsicht betörend schön und für den Verlauf Ihres weiteren Lebens für unverzichtbar halten und unbedingt mehr darüber erfahren wollen? Jede Suchmaschine wird so viele Links für Sie finden, dass die folgende Verschwörungstheorie auf der Hand liegt: Wollen da unbekannte Mächte massiv in die geistige Gesundheit der Menschheit eingreifen?

Was, wenn ein Querdenker richtig denkt?

Der Ruf der Querdenker hat in den letzten Monaten gelitten – umgab den Querdenker vergangener Tage immer die Aura des verkannten Genies, so wurde dieser Bonus von den heutigen organisierten Querdenkern leichtfertig verspielt: Man begab sich allzu leichtfertig in schlechte Gesellschaft. Für viele ist Querdenker mittlerweile eine Art Schimpfwort. Doch hier ist der Punkt für eine ganz besondere Überlegung erreicht: Was, wenn sich eine der Verschwörungstheorien trotz sie umgebenden querdenkenden Umfeldes und trotz des Geschreis aller Kritiker als pure Wahrheit erweist? Was, wenn sich einige von denen, die über Jahre und Jahrzehnte als hirnrissige Idioten behandelt wurden, als weitsichtige Geistesgrößen, Genies oder sogar als Seher erweisen? Alles in Bausch und Bogen abzulehnen oder als geistesgestört herunterzuspielen, ist nicht unbedingt eine 100-Prozent-Strategie. Wer kann schon sagen, was einen realen Hintergrund hat und wobei es sich um pure Spinnerei handelt?

Da wäre zum Beispiel die Geheimdienstoperation Tempora: Das britische Government Communications Headquarters GCHQ hat in der Ortschaft Bude, Cornwall, direkten Zugriff auf die Unterseekabel zwischen den Kontinenten und speichert den kompletten transatlantischen Internetverkehr ab – präventiv versteht sich, etwa 40 Milliarden einzelne Inhaltsdaten pro Tag werden festgehalten. Datenschutz scheint dabei keine große Rolle zu spielen, denn die Briten halten nicht nur die Metadaten fest, sondern auch die kompletten Kommunikationsinhalte. Wenn Sie wissen wollen, was Sie Ihrer heimlichen Geliebten vor drei Wochen per Mail zugeflüstert haben, würden Sie auf den Datenträgern der Organisation vermutlich fündig – wenn Sie denn Einsicht nehmen dürften. Auch Ihr natürlich rein soziologisches Interesse an gewissen Pornoseiten ist dort sauber dokumentiert. Wie lange die Daten gespeichert bleiben, weiß man nicht so genau. Unbekannt ist auch, ob und wann die professionellen Lauscher der Queen diese Tätigkeit beenden wollen. Außerdem versuchen die Spione Ihrer Majestät, durch die Beeinflussung politischer Entscheidungen die lästige Ende-zu-Ende-Verschlüsselung zu verhindern, die von vielen Usern seit den Enthüllungen von Edward Snowden eingesetzt wird. Verschwörungstheorie? Sagt Ihnen die Bezeichnung »Five Eyes« etwas? Auch diese globale Bruderschaft der Geheimdienste arbeitet, zum Beispiel durch Beeinflussung politischer Entscheidungen bei der EU, an der Abschaffung der digitalen Privatsphäre.

Und dann wäre da noch die ziemlich reale Ölverschwörung: Bezahlte Propagandisten vor allem der US-amerikanischen Ölkonzerne verleugnen zwar nicht mehr den menschengemachten Klimawandel konsequent, sie haben aber neue Wege gefunden, die globale Ölheizung noch für viele Jahre weiter zu betreiben. Sie machen auf Grün, verbreiten fiktive Fakten über gar nicht existente »Grassroots«-Organisationen, die sich zum Beispiel begeistert über die Gas- und Ölförderung in Texas aussprechen (schließlich fördert man dort ja »natural gas«), und verschleiern umweltschädigende Tatsachen wie zum Beispiel den Methanausstoß der Anlagen – hier sind die Spezialisten der globalen Desinformation bei der Arbeit. Verschwörungstheorie?

Zurück bleibt die Frage: Was soll man denn nun eigentlich noch glauben?

DER NEUESTE WAHNSINN

Nein, die Aktualität hat in diesem Buch so gut wie keine Chance. Das, was heute noch als taufrisches neues Hirngespinst gehandelt wird, ist schon morgen kalter Kaffee. Es stimmt zwar, dass sich viele Verschwörungstheoretiker an ihrem Thema festbeißen, es ist aber auch richtig, dass es eine zweite Kategorie geistdurchdunkelter Großdenker gibt, die immer neuen Stoff brauchen und am liebsten täglich eine neue Sau durchs Dorf treiben würden. Bis dieses Buch gedruckt war, tummelten sich schon wieder ein paar Dutzend taufrische Neuschöpfungen auf dem Markt der Hirngespinste.

Die Zwangsimpfung

Wissenschaftler der Universität Mainz fanden einen Zusammenhang zwischen der Neigung zu einer ausgeprägten Verschwörungsmentalität und der Zustimmung zu alternativen Heilmethoden. Verfahren der klassischen Medizin wie zum Beispiel Impfungen werden abgelehnt. Die Aussage der Bundesregierung, man plane keine Corona-Impfpflicht und schon gar keine Zwangsimpfung, zweifelten Verschwörungstheoretiker an, die der Politik ohnehin nur finstere Absichten unterstellen und die Grundrechte in Gefahr sehen.

Grund für weitere Proteste war die vorgesehene Erweiterung des Infektionsschutzgesetzes. Dabei geht es nicht um eine Impfpflicht, sondern eine Art Immunitätsnachweis, durch den Ausnahmen von Schutzmaßnahmen erreicht werden könnten. Wenn während einer Epidemie oder gar Pandemie flächendeckende Schutzmaßnahmen wie zum Beispiel eine Maskenpflicht nötig werden, könnten die Besitzer eines Immunitätsnachweises davon ausgenommen werden. Die Gegner unterstellen, dass Menschen, die sich nicht impfen lassen, im Alltag unter schwerwiegenden Folgen zu leiden haben und zum Beispiel nicht weiter die öffentlichen Verkehrsmittel nutzen dürfen. Das würde – so die Verschwörungsgläubigen – den Einstieg in eine Zweiklassengesellschaft bedeuten.

Weil sich aber die Zwangsimpfung nicht so einfach durchsetzen ließ, gingen Politiker und Prominente mit gutem Beispiel voran: Kaum kam der erste Corona-Impfstoff im Dezember 2020 auf den Markt, ließen sie sich in allen Medien als Impfpioniere ablichten – der bayerische Ministerpräsident Markus Söder, Gesundheitsminister Jens Spahn, Poptitan Dieter Bohlen und auch internationale Größen wie der Bürgermeister von London, mehrere amerikanische Ex-Präsidenten, die Gesundheitsministerin von Ontario/Kanada und die Premierministerin von Australien betätigten sich als *Impfluenzer* – und wurden sofort zum Objekt neuer Verschwörungstheorien. Die lassen sich ja gar nicht impfen, die lassen sich einfach Kochsalzlösung spritzen! Oder noch nicht einmal das: Bei mancher »Impfaktion« vergaß das medizinische Personal sogar, die Schutzkappe von der Spritze zu nehmen – wunderbares Beweismaterial für die sozialen Medien. Die hatten ohnehin schon einen Superclip: Krankenschwester lässt sich impfen, um die Ungefährlichkeit zu demonstrieren – und wird kurz darauf ohnmächtig. Kippt einfach aus den Latschen, die Dame! Dass das eine – die Impfung – möglicherweise gar nichts mit dem anderen – der Ohnmacht – zu tun haben könnte, zieht der engagierte Impfgegner natürlich nicht in Betracht.

5G-Chips in der Vakzine?

Je länger das Thema Impfung so eine wichtige Rolle im öffentlichen Diskurs und in den Erzählungen des verschwörerischen Untergrunds spielt, desto wilder wuchern die Spekulationen. Im Januar 2021 verbreitete sich die Wahnvorstellung, den Corona-Impfstoffen könnten 5G-Nanochips, also mikroskopisch kleine elektronische Schaltkreise, beigemischt werden, die es möglich machen, die Geimpften ganz nach Gutdünken durch elektrische Impulse von einer verborgenen Leitzentrale aus zu manipulieren. Vielleicht war es sogar der Chip, der die Krankheit auslöste? Oder die Stimmen im Kopf – war das die beigemischte teuflische Elektronik? Keine Frage, dunkle Kräfte würden die Geimpften wie Marionetten steuern können – das zumindest behaupten die Quellen im Netz, die für die Herkunft ihres Wissens »die Russen« benennen.

Um diese Theorien handfest zu belegen, wurde in den sozialen Netzwerken (vorrangig in Italien) auch gleich das Schaltbild eines solchen hinterhältigen 5G-Nanochips verbreitet. Leichtgläubige (also die meisten) Impfgegner erschauerten innerlich und sahen sich in ihren wildesten Vermutungen noch übertroffen. »Da muss man doch was machen!«, war die häufigste

Reaktion dieser Gruppe. Während die engagierten Impfgegner also neue Transparente für die nächste Querdenker-Demo pinselten, sahen andere, eher kritische Zeitgenossen genauer hin und stießen direkt auf seltsame Ungereimtheiten. Warum gab es im Schaltbild Komponenten, um die Bässe, die Höhen und die Lautstärke zu regeln? Na gut, die Stimmen im Kopf sollten vielleicht perfekt klingen, aber wozu diente die Elektronik eines Fußschalters? Schnell war klar: Mit 5G hatte das Ganze nichts zu tun. Das Schaltbild zeigte den Aufbau eines Effektpedals für die Hardrock- und Heavy-Metal-Gitarre mit dem Produktnamen Boss Metal Zone MT-2, extrem rauscharm, mit den Abmessungen (B × T × H): 70 × 125 × 55 Millimeter und einem Gewicht von 410 Gramm – also keineswegs *nano*, etwa 99 € teuer und als Bestandteil einer Impfung völlig ungeeignet.

Der Monolith

Den ersten Monolithen entdeckten Wildhüter bei einer Zählung von Wildschafen vom Hubschrauber aus am 18. November 2020 in der Felsenwüste von Utah. Das 3 Meter hohe und geschätzt 90 Kilogramm schwere Metallobjekt musste dort seit Oktober 2016 gestanden haben, wie man mithilfe von Google Earth ermittelte. Man vermutete, es könne sich um ein Werk des 2011 verstorbenen Künstlers John McCracken handeln, doch sein Galerist dementierte. Wilde Spekulationen begannen, Hypothesen über eine außerirdische Herkunft waren quasi zwangsläufig der nächste Schritt. Nach zehn Tagen wurde das Metallobjekt abgebaut.

Rätselhafterweise tauchte am 26. November 2020 eine ähnliche Skulptur in Rumänien auf – auch sie verschwand nach kurzer Zeit wieder.

Monolith Nummer drei erschien wie seine Vorgänger scheinbar aus dem Nichts am 2. Dezember auf dem Pine Mountain in Atascadero in Kalifornien. Schon rätselhaft: Das mysteriöse Objekt stand auf dem knapp 400 Meter hohen Gipfel in einem Naturpark, rund 3 Kilometer vom nächsten Parkplatz entfernt.

Hier überlebte das nach Mutmaßungen aus dem All stammende Objekt nur ungefähr 24 Stunden. Eine Gruppe engagierter junger Erdlinge, der QAnon-Bewegung und der Anhängerschaft von Ex-Präsident Trump zugeordnet, machte in der Nacht kurzen Prozess, stieß in einer geplanten Aktion vor etwa 600 Zuschauern das Invasorenkunstwerk um und stellte ein Holzkreuz an seine Stelle. Das Geschehen wurde durch Parolen wie »Christ is king!« oder »America first!« kommentiert. Den vermuteten Aufstellern der Säule übermittelte man sinngemäß die Botschaft, dass sie illegale Einwanderer und in den USA ebenso wenig willkommen seien wie mexikanische Migranten, Schwule und Neger. Womit vollkommen klar ist, welch Geistes Kinder dort am Werke waren.

Immer noch vollkommen rätselhaft war zunächst, woher die Metallobjekte stammten, für die die Bezeichnung »Monolith« übrigens völlig falsch ist – die zweite Silbe *lith* steht kurz für griechisch *lithos* = Stein.

Anfang Dezember 2020 lief die Sache völlig aus dem Ruder: Eine metallische Stele bekannter Bauart tauchte in der Taunusgemeinde Sulzbach auf – und wurde nur Stunden später von aktiven Hessen zerkleinert. Weitere Objekte verwirrten die Menschheit auf der Isle of Wight, in den Niederlanden, in Spanien, Belgien (auf einem Kartoffelacker) und auch wieder in den USA. Über deren außerirdische Herkunft wurde weiter spekuliert, in einigen Fällen konnten sie aber als Werbeaktion bayerischer Kleinunternehmen enttarnt werden.

Von besonderem Unterhaltungswert war die spanische Variante des Monolithen: Im 1200-Seelen-Dorf Ayllón, etwa 90 Kilometer nordwestlich von Madrid, fanden Anwohner ein etwas armseliges Blechgebilde in den Ruinen einer Kirche, wie die Zeitung *El Periódico* berichtete. Sie mussten es mehrfach wieder aufrichten, weil der Wind es umgeworfen hatte. Es kursierte eine wohl gefälschte Mitteilung der Gemeinde, dass sich vor Ort Hunderte Schaulustige versammelt hätten, obgleich vor dem Objekt wegen seines mysteriösen Ursprungs gewarnt werden müsse – tatsächlich waren wohl fünf Nachbarn vor Ort, die sich köstlich über das Objekt amüsiert hätten.

Der Aluhut

Der Aluhut ist eine esoterisch motivierte Kopfbedeckung aus Aluminiumfolie, die den Träger oder die Trägerin vor gefährlicher Strahlung und vor einer Gedankenkontrolle durch die Mächte des Bösen schützt – so glauben es zumindest überzeugte Aluhutträger. Nicht zuletzt weil diese unkonventionelle Kopfbedeckung ihren Träger oder ihre Trägerin offensichtlich als verschwörungsgläubig kennzeichnet (Kritiker würden sagen: als total behämmert), tragen Demonstranten gegen die Einschränkungen in der Corona-Krise nicht mehr das tatsächliche Modell, sondern nur noch eine Kugel aus Alufolie an einem Band um den Hals oder als Anstecker – so erkennen sich die Wissenden besser. Man weiß auf einen Blick Bescheid: Aha, Aluhut!

Die Reichsbürger

Deutschland ist noch immer ein durch Alliierte (vornehmlich die USA) besetztes Land, weshalb die Bundesrepublik Deutschland rein juristisch nicht existiert, das Deutsche Reich besteht bis heute fort. Die Bundesrepublik Deutschland ist allenfalls eine GmbH mit Angela Merkel als Geschäftsführerin, kein Staat und schon gar nicht der Nachfolgestaat des Deutschen Reiches. Dieses besteht weiter und deshalb müssen die Reichsbürger – für solche halten sie sich noch immer – weder die Gesetze der Bundesrepublik Deutschland befolgen noch dem Pseudostaat Steuern zahlen. Der also nicht legitimen Bundesrepublik Deutschland werden verschiedene »Reichsregierungen« gegenübergestellt, die die rechtsgültige Staatsgewalt ausüben. Auch die Dokumente der Unrechtsrepublik erkennen die Anhänger dieser Verschwörungstheorie nicht an und stellen sich eigene Ausweise, Führerscheine und so weiter aus.

Reichsbürger, auch Selbstverwalter genannt, sind keine einheitliche Organisation oder Partei, sondern unterschiedliche Gruppierungen und vor allem auch Einzelpersonen. Auch in den Begründungen für die Ablehnung der Bundesrepublik Deutschland als Staat unterscheiden sie sich: Einige berufen sich auf geschichtliche Argumentationen über das Deutsche Reich, andere sehen finstere Verschwörungen am Werk oder sie berufen sich auf ein selbst konstruiertes Naturrecht. Aus ihrer Sichtweise der Dinge folgt, dass sie auch den demokratisch gewählten Repräsentanten die Legitimation absprechen und sich außerhalb der Rechtsordnung sehen, was sie gefährlich macht – man muss nur an die Waffengesetze denken. Dass die Bundesrepublik Deutschland im Zuge der Zwei-plus-Vier-Verträge die volle Souveränität für alle inneren und äußeren Angelegenheiten ausübt, wird von den Reichsbürgern kategorisch geleugnet.

Die Prepper

Ob es sich in diesem Fall um eine durchgeknallte Verschwörung oder einen sinnvollen Ansatz zur Existenzsicherung handelt, wird sich erst in der Zukunft erweisen, nämlich wenn das befürchtete Ereignis eintritt – dann nämlich wird sich niemand mehr über diese Gruppierung lustig machen: Prepper bereiten sich auf das Ende der Zivilisation in der einen oder anderen Form vor.

Die Bezeichnung »Prepper« ist abgeleitet vom englischen »Be prepared!«, dem Motto der Pfadfinderbewegung, zu Deutsch etwa »Allzeit bereit!«. Prepper sind weder weltanschaulich noch parteipolitisch organisiert, sondern meist Einzelpersonen, die sich individuell auf jede Art von Katastrophe vorbereiten, sei es ein neuer Weltkrieg, ein Meteoriteneinschlag, ein gigantischer Vulkanausbruch, die ganz große Seuche oder die Zombie-Apokalypse – Prepper sind vorbereitet. Ein Fluchtrucksack steht bereit, im Idealfall auch ein geländegängiges Fahrzeug – Geländewagen oder Enduros bevorzugt. Für Katastrophen, die keine Flucht, sondern ein Überleben an Ort und Stelle nötig machen, werden oft riesige, endlos haltbare Lebensmittelvorräte eingelagert oder der eigene Anbau von Nutzpflanzen vorbereitet. Eigens errichtete Schutzbauten oder Schutzvorrichtungen an bestehenden Gebäuden dienen als Festung bei sozialen Unruhen und in manchen Atombunkern würde der Besitzer gern das Waffenarsenal einer kleinen Armee bereithalten. Neben den (manchmal auch illegalen) Waffen werden Schutzkleidung, Werkzeug, Funkgeräte, Medikamente und die Ausrüstung für alle weiteren Lebenssituationen gehortet, die man brauchen könnte, um autark zu überleben. Einzig ein Riss im Raum-Zeit-Gefüge, also das Ende des Universums, könnte Prepper aus der Ruhe bringen.

QAnon

QAnon ist die Heimat der am schwersten präzise zu beschreibenden Verschwörer – keine Organisation im herkömmlichen Sinne, überhaupt keine feste Struktur, sondern eigentlich so etwas wie eine Idee im Netz oder eine urbane Legende, die aber zunehmend auf die Wirklichkeit zuzugreifen beginnt, zum Beispiel auf Demonstrationen von Anhängern des ehemaligen US-Präsidenten Donald Trump. Wie viele Menschen zum Netzwerk von QAnon zählen, ist schwierig zu bestimmen. Die Verschwörungslegende findet aber weiten Widerhall und hat vermutlich Millionen von Sympathisanten; rechte Politiker und Medien trugen in den USA entscheidend zur Verbreitung von QAnon bei.

Erstmals tauchte QAnon im Oktober 2017 im Netz auf, und zwar in Form eines kryptischen Textes auf einem Diskussionskanal von 4chan, einem für seine extremistischen Inhalte bekannten Server. Die darin verbreitete Nachricht: Die Präsidentschaftskandidatin Hillary Clinton werde wegen krimineller Machenschaften in Kürze verhaftet. Die Nachricht selbst fand zunächst wenig Resonanz, wohl aber die Quelle des Textes. Die Moderatoren der Seite und einige YouTuber begannen, einen Mythos um den Urheber dieses und einiger weiterer ähnlicher Posts zu stricken: Sie behaupteten, der Autor sei im Besitz der höchsten nichtmilitärischen US-Sicherheitsstufe »Q« und habe somit Zugang zu geheimen Informationen, unter anderem über die nuklearen Aktivitäten des Landes. Die Geschichte kam an, der Mythos Q war aus der Taufe gehoben. Spekulationen über die Identität von Q – war es ein hochrangiger Militär oder vielleicht sogar Trump selber? – kamen zu keinem Ergebnis und liefen ins Leere. Aus Q wurde QAnon – Anon ist der Nickname eines Users im Netz, der anonym bleiben will.

Weitere Beiträge auf der Seite, nun als »Q-Drops« bezeichnet, hielten den Mythos am Leben – dabei war nicht einmal sicher, ob ein und dieselbe Person Autor aller geposteten Informationen war. Neben völlig unverständlichen Fragen, bruchstückhaften Aussagen und unzusammenhängenden Satzfetzen kreisten und kreisen die Q-Drops immer wieder um ein ganz bestimmtes Thema: die Behauptung, eine geheimnisvolle dunkle Elite, der Deep State, habe die USA unter seine Kontrolle gebracht oder versuche dies noch. Reales Geschehen aus den aktuellen Nachrichten wird als Beweis für diese Behauptung Qs herangezogen und wenn nötig entsprechend umgedeutet und manipuliert. Hauptfeindbilder von QAnon sind der sozial engagierte Milliardär George Soros und die demokratische Präsidentschaftskandidatin Hillary Clinton, aber auch Barack Obama und mehrere andere ehemalige US-Präsidenten. Ihnen und einer Vielzahl anderer politisch unliebsamer Akteure aus der Politik, aber auch aus Unterhaltung und Medien, werden Verbindungen zum Satanismus und die Verwicklung in sadistische oder pädophile Handlungen unterstellt. Einzig Ex-Präsident Trump, Lichtgestalt der QAnon-Bewegung, bekämpfe diese Untriebe. Sein Ziel sei es, die Verschwörung zu beenden, deren Opfer zu befreien und die Täter zur Rechenschaft zu ziehen. Naheliegend, dass auch Trump immer wieder Tweets von den QAnon-Accounts teilt – wie auch mehr als 60 ehemalige oder gegenwärtige Kandidaten für den US-Kongress.

Nachdem die ursprünglichen Quellen im Netz nicht mehr online sind, finden sich Q-Drops in zunehmendem Maße auch in sozialen Medien wie WhatsApp, Facebook, Instagram, YouTube, TikTok und Telegram. Auch wenn QAnon von seinen Anhängern eine hohe Kompetenz unterstellt wird, bewahrheiten sich die Posts so gut wie nie. Ein vorausgesagter Putsch gegen den Deep State durch Donald Trump fand ebenso wenig statt wie eine Verhaftung Hillary Clintons und einiger anderer Prominenter. Die an Fake News gewöhnten Anhänger der Bewegung stört das offenbar nicht weiter. Und ihre Zahl wächst.

Wer als QAnon-Anhänger erkannt werden möchte, kann mittlerweile auf diversen Onlineplattformen QAnon-Fanartikel von T-Shirts über Taschenbücher, Einkaufsbeutel bis hin zu Fahnen und Postern erwerben – es handelt sich bei QAnon um eine wirtschaftlich äußerst erfolgreiche Verschwörungslegende. Die Folge: Immer häufiger ist das Q auch auf Pressefotos oder Videoaufnahmen im Fernsehen zu sehen.

Der Einfluss der QAnon-Bewegung reicht mittlerweile auch bis in die deutsche Realität; QAnon-Behauptungen werden von Rechtsradikalen und Protagonisten der Reichsbürgerszene geteilt und weiterverbreitet. Xavier Naidoo sprach beispielsweise von Kindern, die massenhaft gefangen gehalten worden seien (und deren Blut ja bekanntlich die verschworenen Eliten des Deep State trinken, um jung und gesund zu bleiben). Auch in die Proteste gegen die Corona-Maßnahmen mischt sich das QAnon-Gedankengut. Der Moderator der Querdenken-Demonstration, Friedemann Mack, nutzte den leicht abgewandelten QAnon-Slogan »Where we go one, we go all« auf der Bühne.

Die QAnon-Bewegung ist weltweit so erfolgreich, weil sie zum Teil die Züge einer Sekte trägt. Wie eine solche liefert sie universelle Erklärungsmodelle, agiert mit klaren Feindbildern und propagiert den Kampf gegen eine apokalyptische Bedrohung. Kritiker diskreditiert sie, den eigenen Anhängern gibt sie das Gefühl, im Besitz von Geheimwissen zu sein, für das Gute zu kämpfen und zu einer Elite zu gehören.

Eine besonders perfide, weil manipulative Erscheinungsform des QAnon-Gedankengutes kommt zum Vorschein, wenn es vermeintlich um den Schutz von Kindern geht, die ja nicht nur vor Missbrauch und der Entführung und Ausbeutung durch den Deep State bewahrt werden müssen, sondern auch vor den furchtbaren Folgen von Impfungen. QAMoms – so nennt man entsprechend engagierte Mütter, die über soziale Netzwerke mit den Verschwörungstheorien von QAnon in Kontakt gekommen sind – geben ihrerseits im Netz Ratschläge zum Kindeswohl, die nicht auf den ersten Blick zu erkennen geben, wes Geistes Kind sie sind, und die durch ihren Inhalt und ihre Gestaltung gut getarnt werden: Wer kann schon etwas gegen den Hashtag #rettetdiekinder haben? Wegen der unverfänglichen, kindgerechten Farbgebung werden diese speziellen Websites »Pastel Q« genannt – sie sind effektive Instrumente einer gedanklichen Manipulation.

Der Deep State

Hier geht es um den Staat hinter dem Staat, um die verborgenen Konstellationen von Geheimdienstlern, Militärs und Beamten, die sich heimlich verbündet haben und nun die Macht in einem Staat ausüben, dessen Politiker eigentlich nur hilflose Marionetten sind. Anknüpfungspunkte für derartige Theorien gibt es genug, nicht nur in den USA. In der jüngeren Geschichte der Türkei regiert der Deep State mit einer Kette von Militärputschen.

Die Auslegung des Begriffes »Deep State« ist ambivalent: In den USA wühlen Geheimdienste und Sicherheitsbehörden im Untergrund, um Präsident Trump zu stürzen – Deep State in Reinkultur. Vor relativ kurzer Zeit war der Begriff noch von anderer Seite besetzt: Whistleblower Edward Snowden hatte den Begriff als Synonym für den digitalen Überwachungsstaat bei der amerikanischen und europäischen Linken populär gemacht. Deep State ist also ein Etikett, das je nach Weltanschauung dieser oder jener Fraktion angeklebt wird.

Redpilling

Im dystopischen SF-Spielfilm *The Matrix* von 1999 mit Keanu Reeves als Neo, der Erwählte, wird dieser vor die Wahl gestellt: Eine blaue Pille nehmen und alles bleibt, wie es ist – oder eine rote Pille einwerfen und die apokalyptische Wahrheit erkennen. Auf diese Quelle beziehen sich Ideen und Slogans von Verschwörern, besonders der QAnon-Variante. »Take the red pill« – erkenne also die furchtbare Realität – taucht als Transparent auf Demonstrationen weltweit auf und wurde mittlerweile auch schon in Deutschland auf den Demonstrationen von Querdenkern und Corona-Leugnern gesichtet. Aus der Story eines Films entwickelte sich eine Redensart, die von unterschiedlichen Parteien genutzt wird – jeweils in ihrem Sinne und manchmal recht verwirrend: So kam die Pille auch schon in einem Tweet von Tesla-Milliardär Elon Musk vor und war möglicherweise politisch gemeint – die Farben Rot und Blau stehen in den USA für die Republikaner bzw. die Demokraten. Gleichgültig, wer die Metapher nutzt: Jeder definiert für seine Gedankenwelt, welche Variante der Wirklichkeit die dumpfe Matrix als Folge der blauen Pille und welche das durch die rote Pille verursachte Armageddon der furchtbaren Erkenntnis darstellt.

Bill Gates

Für manche Verschwörer war er schon immer das Böse in Person (siehe »Bill Gates ist der Teufel«). Während der Corona-

Krise avancierte der ehemalige Microsoft-Chef zum Feindbild Nummer eins der Verschwörungsgläubigen, deren Ablehnung in Deutschland in dem Slogan »Gib Gates keine Chance!« Ausdruck fand.

Grundlage der unterschiedlichen Verschwörungstheorien sind folgende Fakten: Die von Bill Gates ins Leben gerufene Stiftung, die Bill & Melinda Gates Foundation, ist der wichtigste private Geldgeber der Weltgesundheitsorganisation (WHO). Außerdem unterstützt die Stiftung die GAVI, die Globale Allianz für Impfstoffe und Immunisierung in Genf, gegründet mit dem Ziel, den Zugang zu Impfungen gegen vermeidbare lebensbedrohliche Krankheiten für Kinder in Entwicklungsländern zu verbessern. Auch Unternehmen, die Impfstoffe entwickeln und herstellen, wie die deutsche Firma Curevac, werden von Bill Gates mit Finanzmitteln bedacht. Mit im Boot: US-Virologe und Trump-Berater Anthony Fauci, Direktor des Nationalen Instituts für Allergien und Infektionskrankheiten.

In den Augen der Verschwörungstheoretiker ist das Engagement des Microsoft-Gründers im Gesundheitsbereich alles andere als mitmenschlich motiviert. Bill Gates wird unterstellt, dass er zum einen die gesamte Weltbevölkerung impfen will – und den Menschen bei dieser Gelegenheit Mikrochips zu implantieren gedenkt, um sie mental unter seine Kontrolle zu bringen. Ein anderer Verschwörungsansatz stellt die Behauptung auf, der Milliardär wolle mithilfe der Impfungen die Überbevölkerung in den Griff bekommen, indem er die Weltbevölkerung dezimiert – ein geplanter Massenmord sozusagen.

Die letzte und vermutlich noch am wenigsten abgedrehte Behauptung: Die Pharmaindustrie, die Weltgesundheitsorganisation (WHO) und die Bill & Melinda Gates Foundation kooperieren, um von der Pandemie zu profitierten. Gates, wie übrigens auch andere Globalisten, will an Macht und Geld gewinnen. Das gehört übrigens auch in den Motivationsbaukasten von Verschwörungserzählern.

Kinderblut und die Monster AG

Der pure Horror: Kleine Kinder werden entführt und in Anlagen unter der Erde gefangen gehalten, von Satanisten und Pädophilen missbraucht und gefoltert und schließlich getötet, um aus ihrem Blut das Stoffwechselprodukt Adrenochrom zu gewinnen, das einer kleinen Elite als Verjüngungsmittel dient. So werden Hollywoodstars als Abnehmer der auf die gruselige Weise gewonnenen Droge vermutet.

Adrenochrom gibt es tatsächlich, es ist unter anderem für das junge Aussehen der Haut verantwortlich, aber einen Kultstatus erlangte die Substanz durch ihre Rolle in dem Drogenroman *Fear and Loathing in Las Vegas* von Hunter S. Thompson von 1971 und dessen Verfilmung durch den Regisseur Terry Gilliam aus dem Jahr 1998. Für die Verbreitung der wirren Thesen sind in Deutschland unter anderem die Frankfurter Pegida-Aktivistin Heidi Mund, der Sänger Xavier Naidoo und der Rapper Sido bekannt.

Und dann mischen die Verschwörungsfantasten unserer Tage auch noch Disney und das kalifornische Animationsstudio Pixar in ihren Horrorbrei: Wo gewinnt man heute dieses Wundermittel Adrenochrom? Am besten aus den Körpern von hilflosen Kindern, die man zuvor in Angst und Schrecken versetzt hat – in der Angstfabrik, der Monster AG. Im gleichnamigen Spielfilm wird zwar kein Adrenochrom direkt gewonnen, aber die Angstschreie der Kinder werden in Energiebehältern aufgefangen – so etwas kann der Verschwörungsfan nur als Metapher für die Gewinnung von Adrenochrom verstehen, weil man sie schließlich in so einem Spielfilm nicht ungeschönt zeigen kann – Insider wissen schon, was gemeint ist.

So wird ein fantasievolles Zeichentrickmärchen zu einem Horrorfilm umgedeutet – typisch Verschwörung. Die Wurzeln für diesen wirren Mythos liegen übrigens in ferner Vergangenheit – schon im 13. Jahrhundert sollen Juden – ja, wer denn sonst, liebe Verschwörer, was anderes fällt euch nicht ein – das in Ritualmorden gewonnene Blut von christlichen Kindern für religiöse Riten oder als Heilmittel genutzt haben.

Mobilfunkmasten (5G) verbreiten Viren

Kaum zu glauben: Anfang April 2020 versuchte die Weltgesundheitsorganisation (WHO), einem Gerücht entgegenzuwirken – man sah sich zu der folgenden Erklärung genötigt: »5G-Mobilfunknetze verbreiten nicht COVID-19.« Irgendwer hatte die Idee in die Welt gesetzt, Viren könnten sich über den neuen Mobilfunkstandard verbreiten und deshalb seien die Corona-Infektionen dort in ungeahnte Höhen geschnellt, wo es bereits 5G-Netze gebe. Aus der Schnapsidee entwickelte sich blitzschnell ein Verschwörungsmythos, der sich in etlichen Ländern festsetzte.

Doch der Wahnwitz ließ sich noch steigern: In einer Variante der Wahnidee stand die Behauptung im Mittelpunkt, die COVID-19-Pandemie gebe es gar nicht – sie sei nur erfunden worden, um das »5G-Syndrom« zu vertuschen, eine durch Mobilfunkstrahlung verursachte grippeähnliche Lungenerkrankung.

Dass es aber auch in Bereichen ganz ohne Mobilfunknetz Corona-Fälle gab, wurde unter den Teppich des Vergessens gekehrt, ohne den die meisten Verschwörungen nicht auskommen.

In Deutschland werden übrigens alle mit Mobilfunknetzen verbundenen Verschwörungstheorien mit großer Begeisterung aufgenommen, die Technologieangst gehört quasi zur Folklore. Fast jeder zweite Deutsche und vor allem auch jede zweite Deutsche fürchtet sich vor Funkmasten und elektromagnetischer Strahlung – so sehr, dass es bei Versuchspersonen zu schwersten Symptomen kam, obwohl sie gerade nicht – wie zuvor irreführend angekündigt – in einem Mobilfunknetz verweilten. Kopfschmerzen, Stress, Verspannungen, Verdauungsstörungen und Schlaflosigkeit – alles im Do-it-yourself-Verfahren ganz ohne elektromagnetische Wellen.

Gelber Stern

Das furchtbare Symbol der Nationalsozialisten, der sogenannte Judenstern, wird neuerdings auf ganz besondere Weise genutzt: Impfgegner tragen ihn auf Demonstrationen mit der ergänzenden Aufschrift »nicht geimpft«, setzen sich auf diese Weise selbst mit den im nationalsozialistischen Deutschland verfolgten Juden gleich, die von den Nazis zum Tragen des gelben Sterns gezwungen wurden, und stilisieren sich so zu einer von einem Unrechtsstaat verfolgten Minderheit hoch. Zugleich machen sie sich zu Opfern einer Verschwörung – der Impfverschwörung, der ja die Absicht unterstellt wird, die Menschheit dezimieren zu wollen. Ein Nebeneffekt: Die Demonstranten verharmlosen durch das Tragen des Symbols die Judenverfolgung und den Holocaust. Es fehlt ihnen nicht etwa an Sensibilität bezogen auf dieses Thema – Dünkel gegen die jüdische Kultur sind Teil vieler Verschwörungen, die Juden werden als Teil der Kräfte des Bösen gesehen – unter anderem werden ihnen fragwürdige Bankgeschäfte unterstellt.

Weltregierung/Weltverschwörung

Wie auch an anderer Stelle in diesem Buch vermerkt, ist die Weltherrschaft das Ziel vieler Verschwörungen. Globale Eliten, in Wahrheit finstere Mächte, wollen eine Weltregierung etablieren und den Planeten mit einer weltweiten Diktatur regieren. Dieser Verschwörungsmythos fand in der Corona-Krise immer mehr Anhänger und große Beachtung, und das nicht nur am Rand der westlichen Gesellschaften. Sogar katholische Bischöfe unter der Führung von Erzbischof Carlo Maria Viganò sahen in den Maßnahmen zur Eindämmung von COVID-19 »ein beunruhigendes Vorspiel zur Schaffung einer Weltregierung, die sich jeder Kontrolle entzieht«. Als diese Äußerung kritisiert wurde, verteidigte der Erzbischof seine Aussage: »Das Projekt einer neuen Weltordnung, das von supranationalen Organisationen gefördert wird, muss entlarvt, bekannt gemacht und angeprangert werden.« Womit die Verschwörungstheorie vonseiten der Kirche vollends anerkannt wird.

Corona – die unheilbare Krankheit aus dem Waffenlabor?

Eine Forschergruppe aus den USA, Großbritannien und Australien hat untersucht, in welchem virologischen Zusammenhang SARS-CoV-2 zu sehen ist, und hat die zum Zeitpunkt der Untersuchung bekannten Fakten zur Herkunft zusammengetragen. SARS-CoV-2 ist Teil der Virusfamilie der Coronaviridae von der bekannt ist, dass sie Menschen infizieren kann.

Drei der sieben Mitglieder dieser Familie, SARS-CoV-1, MERS-CoV und SARS-CoV-2, können im Verlauf schwere Krankheiten verursachen, vier (HCoV-HKU1, HCoV-NL63, HCoV-OC43 und HCoV-229E) werden nur mit leichten Atemwegserkrankungen mit milden Symptomen in Verbindung gebracht. SARS-CoV-2 ist gut an den menschlichen Organismus als Wirt angepasst, was seine schnelle Verbreitung erklärt.

Nicht klären konnten die Forscher, welche Tierart der ursprüngliche Wirt gewesen sein könnte. Fledermäuse kommen infrage, aber im Falle anderer Viren waren auch Zibetkatzen, Kamele und Schuppentiere eine Virenquelle. Eine wichtige Erkenntnis der Forscher: SARS-CoV-2 kommt nicht aus dem Genlabor. Es gibt weder Hinweise auf eine synthetische Konstruktion noch auf gezielte Manipulationen an einem bestehenden Virus.

Doch genau das unterstellen die Verschwörungstheoretiker: Man habe das Virus erfunden, um entweder a) die weltweite Impfpflicht einzuführen, b) das Bargeld abzuschaffen, c) die vollständige elektronische Überwachung aller Bürger oder ähnliche abwegige Ziele zu erreichen.

In Deutschland glaube, so ermittelte man während des vorläufigen Höhepunktes der Corona-Krise Ende 2020, schon jeder Dritte an Verschwörungstheorien.

Denver Airport – das Zentrum des Bösen?

Der Denver International Airport ist eigentlich nur ein ganz gewöhnlicher internationaler Flughafen. Doch eine Reihe von Indizien spricht – zumindest für Verschwörungstheoretiker – klar dagegen.

Versteckte Tunnelsysteme, seltsame Symbole und Schriftzeichen, irritierende Wandgemälde mit verstörendem Inhalt und zu allem Überfluss auch noch mysteriöse Unfälle: Wer wundert sich noch, dass hier bizarre Verschwörungstheorien entstehen?

Die Entstehungsgeschichte erinnert ein wenig an die des Berliner Flughafens BER. Als 1995 knapp 40 Kilometer nordwestlich von Denver im Bundesstaat Colorado der neue Flughafen öffnete, hatte er zwei Konten überzogen: das Zeitkonto – der Airport war erst mit zwei Jahren Verspätung fertig geworden – und die finanzielle Kalkulation. Die Baukosten beliefen sich auf 4,8 Milliarden Dollar und überstiegen damit die geplanten 1,7 Milliarden Dollar um mehr als das Doppelte – für einen öffentlichen Bau nichts Ungewöhnliches.

Damit endete die Liste der Alltäglichkeiten und die der Vermutungen und Gerüchte wuchs mit beachtlicher Geschwindigkeit. Zum einen war da ein seltsamer Gedenkstein, der offiziell eigentlich gar nicht existiert, und darauf eingemeißelt ist der Name einer rätselhaften Organisation: The New World Airport Commission. Der Begriff »New World« stellte in den Köpfen der Verschwörungstheoretiker sofort die Verbindung zur New World Order her, dem ominösen Weltherrschaftssystem, das ganz nach Deutungsvorliebe wahlweise von Geheimgesellschaften, diktatorischen Eliten, Aliens, Extremisten oder göttlichen Wesen angestrebt wird. Außerdem trägt der Gedenkstein das Symbol der Freimaurer und den Hinweis, dass in ihm eine Zeitkapsel verborgen ist, die im Jahr 2094 geöffnet werden sollte.

Mit einmal geschärftem Blick fanden sich andere stichhaltige Beweise: Warum sind, so fragte man sich, die Landebahnen in Hakenkreuzform angeordnet? Sind hier Nazis dabei, das logistische System für ihre neue Weltordnung einzurichten? Weitere

Fragen warf das umfangreiche Tunnelsystem unter dem Flughafen auf. Gut, es gab eine U-Bahn für Passagiere, aber auch mehrere leere und für das Publikum gesperrte Röhren mit unbekannter Nutzung. Dass es sich dabei um die Folge einer Fehlplanung handelte – das automatische unterirdische Gepäckfördersystem funktionierte nicht und wurde einfach nicht fertiggestellt – akzeptierte der durchschnittliche Technikmystiker natürlich nicht. Dahinter musste mehr stecken – man assoziierte Unterwelt. Das System der Gänge wuchs mit jeder neuen Vermutung, vielleicht gab es unter dem Flughafen eine gigantische Militärbasis – von wem auch immer. Vielleicht war der Flughafen überhaupt nur gebaut worden, um genau diese Basis zu tarnen, denn eigentlich hatte Denver schon den Stapleton International Airport, näher an der Stadt gelegen und mit ausreichender Kapazität. Dieses Argument war pure Spekulation – die Stadt litt unter der Lärmbelastung durch den metropolennahen Flugverkehr.

Das i-Tüpfelchen auf diesem Meisterwerk der Finsternis, das eigentlich ein Flughafen sein sollte: die apokalyptischen Szenen auf den Wandmalereien des Künstlers Leo Tanguma. Heere von weinenden Frauen halten ihre toten Kinder in den Armen, ein riesiger Soldat mit Gasmaske und Maschinengewehr tötet mit seinem Schwert eine Friedenstaube, dazu auch noch Städte, die in Flammen aufgehen. Doch nicht genug damit, es gibt auch noch Symbole der Erlösung: Kinder aus allen Nationen legen vor einem blonden Jungen in bayerischer Tracht die Waffen ihrer Länder nieder – und am Ende herrscht Frieden? Nein, die Welt der Neuen Ordnung, aber vermutlich erst nach einem Völkermord. Mörderische Kunst? In einem Fall traf sie den Künstler selbst, der im Auftrag des Flughafens die Statur eines sich aufbäumenden Pferdes geschaffen hatte. Ein Teil des Mustangs mit den apokalyptisch rot leuchtenden Augen löste sich 2006 von der Statue und stürzte auf den Künstler – er erlag seinen Verletzungen.

Ein seltsamer Unfall? Seltsame Unfälle geschehen am Denver Airport gleich in Serie. Am 16. Februar 2007 zersplitterten innerhalb von dreieinhalb Stunden die Windschutzscheiben von 14 Flugzeugen. Die Experten der offiziellen Untersuchung konnten keinen Grund dafür benennen. Bescheid wussten die Verschwörungstheoretiker: Das Werk der Zerstörung ging von elektromagnetischen Kräften aus, die durch Atomtests auf dem geheimen Testgelände unter dem Flughafen erzeugt worden waren.

Pressefreiheit – Fake News!

Wer glaubt, dass deutsche Zeitungen schreiben können, was sie wollen, der ist schon ziemlich naiv und seit dem 21.5.1949 auf dem Holzweg. An diesem Datum wurde nämlich ein geheimer Staatsvertrag unterzeichnet, der den Westalliierten die Herrschaft über Deutschland bis 2099 sichert – Einstufung: Strengste Vertraulichkeit. Zu diesem Paket gehört selbstverständlich auch die Hoheit über die Zeitungs- und Rundfunkmedien, aber auch eine sogenannte Kanzlerakte. Jeder Bundeskanzler der Bundesrepublik Deutschland muss sie unterzeichnen und dadurch seine Tätigkeit im Amt genehmigen lassen. Im Netz kursieren zum Teil abenteuerliche Dokumente und Fragmente, die die Existenz eines solchen Vertrags beweisen sollen.

Der Himmel als Bildschirm

Sie glauben, einen großen TV-Flachbildschirm zu besitzen? Das wirklich große Ding ist der blaue Himmel, das ganze Firmament sozusagen. Und es gibt da ein »Project Blue Beam«: Auf dem ganzen Planeten und sichtbar von allen Kontinenten werden riesige Hologramme an den Himmel projiziert. Die Aktion hat den Zweck, den Menschen einen Angriff durch Aliens vorzugaukeln – der aber von den herrschenden Eliten abgewehrt wird. Zweck der Übung: Förderung der Völkergemeinschaft, aus den Nationen der Erde soll ein einziger großer Staat entstehen. Auf dem Weg dorthin werden auch Bilder unterschiedlicher Gottheiten an den Himmel geworfen – und tatsächlich ist dies auch schon geschehen, nämlich immer dann, wenn den Menschen Jesus oder Heilige erschienen sind.

Verschwörungen rund ums Klima

Wer im Augenblick etwas zum Thema Verschwörung und Klimawandel sagt, begibt sich auf dünnes Eis (nicht etwa in der Arktis): Der Klimawandel ist die angesagte Meinung und verpflichtender Teil der Gesinnung eines jeden Gutmenschen – so sehen das die Klimaleugner. Wer Kritik an den Thesen zur menschengemachten Klimaerwärmung (neuerdings auch Klimaerhitzung oder Erderhitzung) äußert, ist eben ein Klimaleugner und automatisch dem Reich des Bösen (= rechtsradikal und deshalb moralisch verwerflich) zuzuordnen. Selbst angesehene Wissenschaftler werden mit üblen Mitteln diskriminiert und mit Totschlagargumenten »widerlegt«. Sachliche Kritik an den Methoden oder Zweifel an der Genauigkeit von Statistiken werden mit der Todesstrafe (Sie wissen schon, das Reich des Bösen) geahndet. Oder zumindest mit einem Shitstorm in den sozialen Medien.

Eines der Totschlagargumente: Tausende Wissenschaftler können sich nicht irren! Es werden Statements angeführt wie die Oregon-Petition mit 32 000 Unterzeichnern – leider sind die meisten von ihnen fachfremd und ein paar Dutzend von ihnen heißen Bart Simpson oder Donald Duck. Selbst wer das nur anmerkt, Sie wissen schon, ist eine moralisch verdorbene Umweltsau.

Im Übrigen: Nicht nur Tausende Wissenschaftler, sondern auch 10 Milliarden Fliegen können sich nicht irren - esst mehr Scheiße! Die Argumentation mit der schieren Zahl der Wissenschaftler sollte man sich doch noch einmal überlegen. Meinte doch schon Johann Wolfgang von Goethe: »Man muß das Wahre immer wiederholen, weil auch der Irrtum um uns her immer wieder gepredigt wird, und zwar nicht von einzelnen, sondern von der Masse. In Zeitungen und Enzyklopädien, auf Schulen und Universitäten, überall ist der Irrtum oben auf, und es ist ihm wohl und behaglich, im Gefühl der Majorität, die auf seiner Seite ist.« Ein Zitat, das sicher vielen Verschwörungstheoretikern gefällt.

In der Tat: Es genügte ein einziger Albert Einstein, um das ganze Gebäude der zeitgenössischen Physik zum Einsturz zu bringen, und Galileo Galilei hatte es zwar schwer, seine Ansichten setzten sich aber dennoch durch.

Ähnlich platt und unsachlich wie die aggressiven Verfechter des von Menschen gemachten Klimawandels argumentieren die sogenannten Klimaleugner: Der ganze Klimawandel sei ja nur erfunden worden, um neue, hoch dotierte Hochschulstellen zu schaffen, und die werden jetzt mit Zähnen und Klauen verteidigt. Würde der Klimawandel ausfallen, wäre es vorbei mit dem Selbstbedienungsladen für teure Studien und Untersuchungen.

Der Glaube an den menschengemachten Klimawandel ist wiederum Ausgangspunkt für neue Verschwörungen, zum Beispiel für die Idee, dass das Corona-Virus im Eis der Arktis schlummerte und nun durch das Schmelzen des Polareises freigesetzt wurde – der Klimawandel ist also schuld an der Corona-Krise. Kaum ist diese These online, hat sie Tausende begeisterte Follower.

Faktisch belegte Tatsachen wie die heimliche Finanzierung von Klimawandelleugnern durch Konzerne der Erdöl- und Gasindustrie werden von den beschuldigten Kreisen natürlich wieder zur Verschwörungstheorie erklärt – was kümmern uns Realitäten?

Auffällig ist auch, dass so manche Fakten beigebogen werden: Man verwechselt Klima und Wetter, und wenn es zu viel regnet und stürmt, ist das der Klimawandel. Fällt allerdings zu wenig Niederschlag, muss das natürlich auch der Klimawandel sein.

Die kommunikative Situation im Streit um den Klimawandel klärt der folgende ausgezeichnete Witz:

In der katholischen Klosterschule stellt die Lehrerin im Biologieunterricht eine Rätselfrage:

»Passt mal auf, Kinder: Es ist braun, springt von Baum zu Baum, hat einen buschigen Schwanz und frisst Nüsse. Wer kann mir sagen, was das ist?«

Meldet sich Fritzchen: »Ich würde vermuten, ein Eichhörnchen, aber wie ich den Laden hier kenne, ist es das heilige Jesulein.«

Was stören den Gläubigen die lästigen Fakten? Klimaschützer und Zweifler – hört bitte nicht auf zu denken! Tut, was getan werden muss, statt euch in gegenseitigen Grabenkämpfen aufzureiben.

Die Menschheit morden mit Acrylamid

Eine der Säue, die in den letzten Jahren durch das Dorf getrieben wurden, war Acrylamid. Acrylamid überall - in Haarsprays, Pommes frites, Kartoffelchips und Knäckebrot. Und dieser Schadstoff greift die Lymphbahnen des Darmes an und führt zu krampfartigen Bauchschmerzen und Schlimmerem. Die Erklärung, dass Acrylamid zum Beispiel durch den längeren Gebrauch von Frittierölen entsteht, akzeptieren die Verschwörungstheoretiker nicht. Nein, die Substanz wird »von der Industrie« eigens zugesetzt, denn sie ist ein Teil des Bevölkerungsreduktionsprogramms, mit dem die Max-Planck-Gesellschaft vier bis fünf Milliarden Menschen vom Planeten Erde entfernen will - offenbar mit acrylamidverseuchten Pommes frites.

Das Simpson-Orakel

Gut, die *Simpsons* sind auch eine Zeichentrickserie - vor allem aber ein erschreckend präzises Orakel, was zukünftige Katastrophen angeht. Die bisherige Meisterleistung: die Vorhersage des Terroranschlags vom 11. September. In der Folge »Homer und New York« zeigt Lisa ihrem Bruder Bart einen Katalog, der links neben der Silhouette der Twin Towers die Aufschrift »$ 9« trägt. Wenn man unbedingt möchte, kann man das Ganze wie 9/11 lesen.

Notre-Dame, der Untergang des Abendlandes

Notre-Dame brannte noch keine Stunde, doch auf Twitter fanden sich schon die ersten Nutzer mit Erklärungsansätzen. Eine

Folge der Dacharbeiten, spekulierten einige. Vielleicht ein Kabelbrand, mutmaßten andere. Man müsse eben abwarten, hieß es. Doch während viele über die Ursachen rätselten und gleichzeitig fassungslos zusahen, wie sich die Flammen erbarmungslos durch den Dachstuhl der 800 Jahre alten Kathedrale fraßen, breitete sich in den sozialen Netzwerken etwas anderes mindestens genauso schnell aus wie das Feuer: Verschwörungstheorien und Desinformation über die Brandursache. Dahinter steckt kriminelle Absicht oder möglicherweise sogar ein terroristischer Akt! Dass die Behörden einen Unfall vermuteten und unter dieser Vorgabe ermittelten, hielten viele sofort für ein klares Symptom eines Vertuschungsversuchs. Genauso wie die Aussage, in den ersten Bildern des Geschehens seien nur steinerne Statuen und Feuerwehrmänner zu sehen. Doch Täterfotos brauchten die Verschwörungsexperten gar nicht – sie folgerten schon aus der Rauchentwicklung am Brandherd, dass es sich aller Wahrscheinlichkeit nach um Brandstiftung handelte. Die Rauchwolken zeigten eine gelbe Farbe, was auf den Einsatz chemischer Brandbeschleuniger hindeutete, und die Flammen brannten ungewöhnlich hell. Ein wirklicher Experte, Karl-Heinz Knorr, der Vizepräsident des Deutschen Feuerwehrverbandes (DFV), meinte, unterschiedliche Szenarien seien möglich, es gebe »eine breite Palette von Flammenbildern, Temperaturen, Helligkeiten, Farben – und zwar sowohl in den Flammen als auch im Brandrauch«. Er habe aber in den Dokumentationen des Brandgeschehens nichts Ungewöhnliches wahrgenommen. Brandbeschleuniger wurden übrigens am Brandherd nicht gefunden.

So eine Expertenmeinung ist für einen echten Verschwörungsexperten kein Grund, seine Meinung zu überdenken. Es wurde nach neuen Indizien gesucht und natürlich wurden sie gefunden: Wie zum Beispiel war zu erklären, dass der Dachstuhl aus Eichenholz so ungeheuer schnell in Flammen aufging? Trockenes Holz brennt gut, meinte Feuerwehrexperte Knorr, und der Dachstuhl einer Kathedrale dürfte so was von trocken gewesen sein! Alles Quatsch, meinten die verschworenen Verschwörer, da hatten die Mächte des Bösen ihre Hände im Spiel ... Was kümmern uns Fakten?

Bei der Kathedrale von Nantes, die im Juli 2020 brannte, war der Nährboden für wilde Vermutungen noch besser: Die Behörden vermuteten Brandstiftung. Aber irgendwie war die Luft raus – zu viele brennende Kathedralen in zu kurzer Zeit.

Pokemon Go – pure staatliche Überwachung?

Pokemon Go war eine geniale Idee und ein neues Spielkonzept, dem zahlreiche Menschen mit Begeisterung folgten, und das quer durch die Bevölkerung: junge Erwachsene Mitte 20, die sich an die Spiele ihrer Kindheit erinnert fühlten, zahlreiche Kinder, Schüler und Studenten, denen es an Aktivität mangelte. Das Ausmaß der Begeisterung weckte auch das Misstrauen der Verschwörungstheoretiker, die schnell augenfällige Ausgangspunkte für verwerfliche staatliche Datennutzung fanden. Wozu benötigte ein Spiel derart gewaltige Datenmengen? Handfeste Beweise für eine staatliche Überwachung fanden sich aber nicht – alles pure Unterstellungen. Oder doch nicht?

Refugees welcome – der Bevölkerungsaustausch

»Wir schaffen das!« Dieser Satz steht für die Verschwörungstheorien von Rechtsextremen und Rechtspopulisten über einen geplanten Bevölkerungsaustausch durch die westlichen Eliten. Neben dem Aspekt der Fremdenfeindlichkeit – die unterstellte »Umvolkung« wird zur Rechtfertigung von Anschlägen, Terrortaten und Übergriffen herangezogen – spricht gegen diese Verschwörung auch die Tatsache, dass die Zuwanderung von Migranten weitgehend ungeplant geschieht, vor allem aber jede Organisation von oben vermissen lässt. Etwas mehr Planung wäre wünschenswert – vorerst muss dieser Abschnitt mit dem Satz enden: »Wir schaffen das nicht!«

Wir sind alle ferngesteuert!

Verschwörungstheoretiker behaupten, dass die elektronische Fernsteuerung von Lebewesen längst im Bereich des Machbaren liegt, und einschlägig aktive Psychologen und Psychiater behandeln Patienten, die absolut davon überzeugt sind, Opfer einer solchen Fernsteuerung zu sein. Die Täter: Militär und Geheimdienste, die in einem rechtsfreien Raum agieren. Leider mangelt es aber den betreffenden medizinischen Fachkräften an technischer Ausstattung, um dies zu verifizieren und somit zum Beispiel auf dem juristischen Weg die Eingriffe in die Persönlichkeitsrechte zu unterbinden. Es fehlen einfach Ortungsinstrumente – und damit alle Beweise.

Zeitreisen via Wurmloch?

Endlich einmal eine positive Verschwörungstheorie: Nicht nur die Teleportation über riesige Distanzen, sogar eine Reise in die Zukunft durch ein sogenanntes Wurmloch könnte möglich sein – ein kleines schwarzes Loch, das zwei weit entfernte Gebiete des Kosmos wie eine Röhre miteinander verbindet. Physiker vom CERN (European Organization for Nuclear Research) haben ein neues Modell entwickelt, nach dem es möglich ist, durch ein Wurmloch ohne Zeitverlust an einen anderen Ort oder sogar in die Zukunft zu reisen – wenn man ein Photon ist –, falls es einem nichts ausmacht, wenn man auf der Reise in seine Einzelteile zerlegt wird. Die Idee von der Zeitreise via Wurmloch mag in der Praxis nicht funktionieren, hat aber Dutzende von Science-Fiction-Projekten befruchtet und ist somit immerhin ein wichtiges Hilfsmittel gegen mediale Langeweile – wenn die Helden nicht allzu oft durch Wurmlöcher hüpfen.

PROMINENTE, LEICHEN UND UNTOTE

Verschwörungstheorien über den Schwager ihres Onkels mütterlicherseits will niemand wirklich kennenlernen, es sei denn, er wäre der zu Recht vergessene Redenschreiber von Joachim Gauck. Dann sähe die Sache schon ganz anders aus. Naturgemäß ist das Interesse an Prominenz aus Vergangenheit und Gegenwart riesengroß und ein Name – entscheiden Sie selbst, welcher – zieht immer.

Angela Merkel ist Adolf Hitlers Tochter

Bemerken Sie die Ähnlichkeit? Allen Ernstes, da behauptet ein Verschwörungstheoretiker namens Dr. Heinz Gerhard Vogelsang in einem offenen Brief an Bundestagspräsident Lammert, die Bundeskanzlerin stamme in direkter Linie von Deutschlands furchtbarstem Diktator ab. In besagtem Schreiben aus dem Jahr 2007 fordert jemand die Amtsenthebung der Bundeskanzlerin, denn sie sei durch den sowjetischen Geheimdienst

KGB aus tiefgefrorenem Sperma mithilfe von künstlicher Befruchtung gezeugt und 1954 von Gretl Braun, der Schwester Eva Brauns, die als Leihmutter diente, zur Welt gebracht worden. Quelle dieser Information soll eine russische Akademikerin namens Sorcha Faal sein, für deren Existenz es aber keine Beweise gibt. Der Verfasser rät, die Abstammung der Kanzlerin mittels Gentest festzustellen. Was für eine großartige Idee, die weitergedacht auf der Hand liegende Zusammenhänge hervorbringen könnte. Ist Claudia Roth mit Pumuckl verwandt und wie ist das Verhältnis von Sigmar und Gunter Gabriel? Brüder? Vater und Sohn?

Karl der Große hat nie gelebt

Nach der These des erfundenen Mittelalters, auch »Phantomzeit-Theorie« genannt, soll das Mittelalter überhaupt nicht existiert haben. Der Publizist, Verleger und Hobbyhistoriker Heribert Illig behauptet, dass die Geschichte der Jahre 614 bis 911 reine Erfindung sei. Alle Figuren dieses »erfundenen Mittelalters« haben überhaupt nicht existiert. Der betreffende Zeitraum beginnt mit dem Jahr 614 und endet im Jahr 911 – knapp 300 Jahre, deren Geschichte Heribert Illig und andere Verschwörungstheoretiker für erstunken und erlogen halten. Naturwissenschaftliche Messmethoden zur Altersbestimmung wie die Radiokarbonmethode oder die Dendrochronologie, die zeitliche Einordnung mithilfe der Altersringe von Bäumen, zweifelt diese These an. Ursächlich mit den fehlenden fast 300 Jahren in Zusammenhang steht die Umstellung vom Julianischen auf den Gregorianischen Kalender im Jahr 1582, dabei, so die Verschwörungsexperten, kann man sich leicht um ein paar 100 Jahre verrechnen.

Nicht existiert hätten somit das Fränkische Reich, Personen wie Karl der Große und die anderen Karolinger vor Karl III. dem Einfältigen – oder ihre zeitliche Einordnung in den Geschichtswissenschaften sei vollkommen falsch. Auch die Krönung von Karl dem Großen zum Kaiser im Jahr 800 hat demnach nicht stattgefunden.

Elvis ist nicht tot

Er hatte einfach keinen Bock mehr auf seine Fans. Der King of Rock 'n' Roll hat seinen Tod inszeniert, um sein Leben in Ruhe weiterleben zu können – sagen die einen. Im Sarg lag eine schlecht gemachte Puppe aus Wachs, und das Erdmöbel war über 450 Kilogramm schwer, weil eine Klimaanlage das Schmelzen des Wachses verhindern musste, meinen die anderen. Es war heiß im August 1977. Vielleicht musste aber auch ein Elvis-Imitator dran glauben, um den toten Elvis zu imitieren. Der King selbst erfreut sich bester Gesundheit und ist Insasse eines Pflegeheims, führt ein Leben als Burgerbrater, hilft in einem Supermarkt an der Kasse aus – Dutzende vertrauenswürdige Zeugen sind ihm persönlich begegnet. Nach einer anderen Theorie haben ihn Außerirdische entführt, vermutlich, weil sie seine Musik so gerne mochten. Oder besser noch: Elvis selbst war ein Alien und kehrte nach erfolgreicher Karriere auf seinen Heimatplaneten zurück. Noch eine Theorie: Elvis wurde umgebracht. Offenbar mochte das FBI keine Rockmusik, denn dessen Agenten sollen den King ermordet haben. Falls er nicht doch in geheimen, vor den Tausenden von Fans verborgenen Gemächern seines Hauses in Graceland seine Rente genießt.

Avril Lavigne durch ein Double ersetzt

Die frankokanadische Rock- und Popsängerin, international bekannt geworden durch ihre Single *Complicated*, soll nicht mehr sie selbst sein: Seit 2005 und in den letzten Jahren wieder zunehmend verbreitet sich die Theorie, dass sich die Musikerin im Jahr 2003 umgebracht hat – und nach dem Selbstmord wurde sie durch ein Double ersetzt. Brasilianische Fans belegen dies in einem Internetblog mit jeder Menge stichhaltiger Beweise und einer lückenlosen Indizienkette. Sie gehen sogar so weit, den Namen der Nachfolgerin zu nennen: Sie soll Melissa Vandella heißen, in der Vergangenheit schon einmal für die erkrankte Avril Lavigne aufgetreten sein und nach deren Freitod vom Plattenlabel eingesetzt worden sein, damit die Einnahmen weiter fließen. Der Betreiber des brasilianischen Blogs sagt allerdings, dass er von nichts weiß – die Verschwörer bleiben bei ihrer Version des Geschehens.

Stevie Wonder ist nicht blind

Eine umfangreiche Community will schon lange beweisen, dass die Blindheit von Musiklegende Stevie Wonder eine lebenslange Lüge ist: Nein, der Mann kann sehen! Hinweise gibt es genug, jede Menge Indizien: So hat der blinde Stevie bei einem Auftritt einen umkippenden Mikrofonständer aufgefangen. Boy George behauptet, dass Stevie bei einer Party schnurstracks auf ihn zugelaufen sei und ihn zum Spaß in den Würgegriff genommen habe. Und Stevie verfolgt Basketballspiele liebend gerne live.

Heino hat es nie gegeben

Stupedia behauptet, dass Heino in Wirklichkeit kein Sänger, sondern eine Massenvernichtungswaffe der Regierung sei – oder aber eine außerirdische Lebensform oder ein gottähnliches Wesen, das von den Maya als »O homem com vocal do mundo destruído« (Mann, der mit stark verzerrten Lauten, auch Gesang genannt, die Welt zerstört). Mit einem ernsten Thema macht man keine Scherze. In Wirklichkeit agieren in dieser Heino-Rolle 24 vom KGB hergestellte und gesteuerte Doppelgänger-Cyborgs, die die Kultur des Klassenfeindes untergraben sollen. Im immer wieder gleichen Sonnenbrillenmodell ist Spionagetechnik untergebracht, die mit dem russischen Geheimdienst direkt verbunden ist. Mehr noch: Ahnungslose Heino-Fans kaufen den scheinbaren Sonnenschutz (Heino-Kult-Brille mit chromfarbenem Etui und Brillenputztuch, nur 20 €) – immer neue Augen für Putins Schergen. Das ist die reine Wahrheit – oder sie könnte es zumindest sein. Wer kann schon hinter diese Sonnenbrille schauen?

Paul McCartney ist tot

Der Typ, der jetzt mit über 70 Jahren noch ein neues Album aufgenommen hat, mag ja ein beeindruckender Musiker sein. Nur eines ist er nicht: Paul McCartney, Gründungsmitglied der legendären Beatles. Dieser Paul McCartney wurde durch einen Doppelgänger ausgetauscht, nachdem er 1966 bei einem Autounfall ums Leben gekommen war. Es gibt viele Hinweise auf sein Ableben: Auf dem *Sgt. Pepper*-Plattencover der Beatles trägt Paul auf der Schulter seiner Uniform einen Aufnäher mit der Aufschrift »O.P.D.«, in Kanada eine Abkürzung für »officially pronounced dead«, ein sicherer Beweis. Oder auch nicht, meinen Kritiker, denn in Wirklichkeit kommt das fragliche Stück Stoff tatsächlich aus Kanada, aber die drei Buchstaben auf dem Aufnäher lauten O.P.P. – Ontario Provincial Police.

Doch es gibt eine ganze Reihe weiterer Beweise, die Anhänger dieser Verschwörungstheorie an seinen Tod glauben lassen. So hat zum Beispiel Paul McCartney auf dem *Abbey Road*-Cover (Sie wissen, das mit dem Zebrastreifen) weder Socken noch Schuhe. Dazu muss man wissen: In Großbritannien werden Menschen barfuß beerdigt und in Italien ist Barfüßigkeit ein Symbol für den Tod. Ist er also doch schon dahingeschieden? Paul McCartney sieht das naturgemäß anders.

Lady Dianas Tod – wirklich ein Unfall?

Es war nicht nur einfach ein Unfall. Die Prinzessin der Herzen wurde durch diesen Crash im Tunnel völlig unvermittelt und brutal aus den Herzen aller ihrer Verehrer und vor allem Verehrerinnen gerissen. Wen wundert es, dass die Verschwörungstheorien sprossen wie die Pilze in einem feuchtwarmen Oktober? Durchgesetzt hat sich die folgende Vermutung: Der britische Geheimdienst MI6 hat Diana im Auftrag des britischen Königshauses um die Ecke gebracht, indem er den Fahrer ihres Wagens mit einem Stroboskop blendete. Der Grund dafür liegt auf der Hand: Die Royal-Ex war schwanger und hätte sonst womöglich Dodi Al-Fayed geheiratet – einen Araber. Nicht nur die Queen war *not amused*. Besondere Nahrung erhielten die Theorien über Komplotte durch einen Brief an ihren Bruder, in dem Diana den Unfall vorausgesagt haben soll. Hatte sie einfach nur so eine Ahnung oder gab es bereits Streitigkeiten und Drohungen im Verborgenen zwischen den Royals und der neuesten Angehörigen von Dodis Harem?

Gründe für die brutale Meucheltat gab es genug, vor allem diesen: Ein muslimischer Enkel war für das britische Königshaus undenkbar und dem Thronfolger Charles sollte im Falle einer neuen Ehe niemand im Weg stehen.

Freimaurer vergifteten Wolfgang Amadeus Mozart

Neben den Illuminati gehören die Freimaurer zu den Vereinigungen, die besonders gern der Verschwörung schuldig gesprochen werden. Freimaurer sind ihrem Selbstverständnis nach »ein ethischer Bund freier Menschen mit der Überzeugung, dass die ständige Arbeit an sich selbst zu einem menschlicheren Verhalten führt« (Wikipedia). Eine konsequente Verschwörung zum Guten also? Dafür sprechen auch die fünf Grundideale der Freimaurerei: Freiheit, Gleichheit, Brüderlichkeit, Toleranz und Humanität. Und die Tatsache, dass die Freimaurerei Menschen aller sozialen Schichten, Bildungsgrade und Glaubensvorstellungen vereinen will. So weit, so gut.

Was macht die im Jahr 1723 konstituierten Freimaurer, im eigentlichen Sinne frühe Gutmenschen, so verdächtig, wollen sie doch nur ihre Ideale im Alltag leben? Zum einen organisieren sie sich in Logen. Auch das ist noch immer nichts Ungewöhnliches, entstand doch zu Zeiten der frühen Aufklärung eine neue Form von Öffentlichkeit in kulturell motivierten Zusammenschlüssen wie Lesegesellschaften, Salons und anderen Gruppierungen. Die Freimaurer allerdings pflegten in ihren Logen besondere Sitten, und eine davon irritierte den Rest der Menschheit wohl derartig stark, dass die Verschwörungstheorien bezogen auf die Freimaurer aufgingen wie Hefe im Backofen. Vor allem waren Freimaurer zur Verschwiegenheit verpflichtet. Niemand Außenstehender sollte erfahren, wie sie die Interna der Logen regelten und welche Bräuche sie hinter verschlossenen Türen pflegten. So blieb das ganze komplexe System für den gewöhnlichen Menschen undurchschaubar. Die meisten Freimaurer hielten sich an dieses Verschwiegenheitsgebot, und das wenige, was nach außen drang, wurde missverstanden und in falsche Zusammenhänge eingeordnet. Neben all den anderen Schandtaten, welche den Logen in den folgenden Jahrzehnten und Jahrhunderten nachgesagt wurden, beeindruckt das folgende vermutete Komplott in besonderer Weise, betrifft es doch die Geheimhaltung freimaurerischen Wissens: Die Freimaurer sollen Wolfgang Amadeus Mozart auf dem Gewissen haben, der, selbst Freimaurer, in seiner Oper *Die Zauberflöte* zu viel Insiderwissen über die Loge verraten haben soll. Dabei tragen zahlreiche seiner musikalischen Werke das Gedankengut der Logen weiter, und dieses ist schon in ihren Titeln erkennbar: *Eine kleine Freimaurer-Kantate* (KV 623), *Die Maurerfreude* (KV 471), *Maurische Trauermusik* (KV 477).

Uwe Barschel wurde ermordet

Kaum ein Todesfall eines Politikers des letzten Jahrhunderts hat derartig viel Aufsehen erregt wie das Ableben des Ministerpräsidenten von Schleswig-Holstein, Uwe Barschel. Er war Mitte September 1987 in den Tagen und Wochen vor seinem Tod in eine Affäre verstrickt, nämlich in den Verdacht geraten, mithilfe des Journalisten Reiner Pfeiffer eine üble Verleumdungskampagne gegen seinen SPD-Konkurrenten Björn Engholm initiiert zu haben. Unter anderem sollte dafür gesorgt worden sein, dass Engholm der Steuerhinterziehung verdächtig erschien. Auch wurde der Verdacht gestreut, der SPD-Mann sei an Aids erkrankt. Barschel gab sein Ehrenwort, dass er mit den Anschuldigungen nichts zu tun habe, konnte sich aber nicht von den Verdachtsmomenten befreien. Schließlich musste er seinen Posten als Ministerpräsident aufgeben: Er trat am 2. Oktober 1987 zurück.

Mitten in diese Affäre und in das Klima der Verdächtigungen platzte die Nachricht von Barschels Tod: Uwe Barschel wurde am 10. Oktober 1988 im Genfer Hotel Beau Rivage tot in der Badewanne aufgefunden. Der erste Anschein deutete auf einen Selbstmord hin, Motive gab es in den politischen Entwicklungen dieser Tage genug. Doch im Laufe der Zeit rankten sich zahllose Theorien um den Todesfall, aufbauend auf das mehr oder weniger fundierte Wissen der Verschwörungsexperten über den Tatort, die gefundenen Medikamente und Gegenstände alltäglichen Gebrauchs sowie die Vermutungen konkurrierender Profi- und Hobbykriminalisten.

So wurden bei der Autopsie des Toten insgesamt acht hochwirksame Medikamente gefunden, darunter Cyclobarbital (Barbiturat), Pyrithyldion (Schlafmittel Persedon), Diphenhydramin (stark sedierendes Antihistaminikum), Perazin (schlafinduzierendes Beruhigungsmittel) und Diazepam (Valium), ein gefährlicher Cocktail und fruchtbarer Stoff für zahllose Mord- und Selbstmordtheorien mit vielfältigen Ablaufvermutungen und andere dunkle Gedankenspiele, Mutmaßungen, Verdächtigungen, Spekulationen und Verschwörungstheorien.

Selbstmord, Mord oder Sterbehilfe? Die Situation im Hotelzimmer und die Positionen der von Barschel benutzten Flaschen und Gläser, anderer Gegenstände und Kleidungsstücke wirkten wie ein riesiges 3-D-Puzzle und ließen vielerlei Schlüsse zu, die schon bald öffentlich verbreitet wurden: Die wahren

Täter sind arabische Waffenschieber. Die Stasi hatte die Finger im Spiel. Der israelische Geheimdienst Mossad hatte ein Tötungskommando geschickt. Auch der zwielichtige deutsche Detektiv und Agent Werner Mauss hielt sich zum Zeitpunkt von Barschels Tod in dem betreffenden Hotel auf …

Ein 2007 ermittelnder Staatsanwalt kam zu dem Schluss: Die genauen Umstände des Todes von Uwe Barschel würden sich nicht mehr ermitteln lassen. Die Verschwörungstheorien blühten weiter und befriedigen die menschliche Neugier mit immer neuen Zeitungsartikeln, Büchern und Spielfilmen zum Thema.

Michael Jackson ist nur untergetaucht

Irre Gerüchte und Vermutungen ranken sich um den Tod eines jeden Prominenten, besonders dann, wenn er vor der Zeit dahingerafft wird. Mit Vorliebe werden Berichte über sein Weiterleben lanciert, meist mit der Begründung, der betreffende VIP wolle sich durch seinen vorgetäuschten Tod den Belastungen seiner Prominenz entziehen. So natürlich auch beim King of Pop Michael Jackson, der sich 2009 durch sein Ableben auch noch gigantischer Schulden und einer ausgesprochen negativen Presse über seine Person entledigen konnte. Ein geheimes Video zeigt, wie er sich im Rettungshubschrauber von seiner Bahre erhebt. Folglich ist klar, dass der Popstar in der kommenden Zeit immer mal wieder von einem gewöhnlichen Menschen gesichtet wurde: beim Einkaufen, an der Tankstelle, im Restaurant, einfach mitten auf der Straße oder irgendwo in Indien. Auffällig an solchen Sichtungen ist nur, dass die Menschen, die Michael getroffen haben wollen, auch schon mal Elvis begegnet sind.

Andere Verschwörer vermuten ihn (wie auch viele andere große Prominente) an einem paradiesischen Ort, zum Beispiel auf der Südseeinsel Bora Bora, wo er in Saus und Braus leben kann, denn nach den Berichten über seinen Tod verkaufen sich seine Tonträger und digitalen Musikstücke wie geschnitten Brot.

Solche Vermutungen sind allerdings vollkommen irreal – in den Augen anderer Verschwörer. Die glauben schon, dass die Existenz ihres Idols ein tragisches Ende gefunden hat, doch sie beginnen wie in einem Reflex automatisch mit der Suche nach dem Schuldigen.

Michael Jackson aus dem All getötet

FBI, die Freimaurer, CIA und Illuminati, der Mossad, Uri Geller, Außerirdische, der Iran oder die Russen – alle üblichen Verdächtigen kamen als Täter infrage. Besonders verwegen argumentierte der deutsche Verschwörungsexperte Heinz Gerhard Vogelsang, der schon wegen des Todeszeitpunkts – 14:26 Uhr, Quersumme 13 – einen Mord für hochwahrscheinlich hielt. Die Tatwaffe stellte dabei eine aus dem Weltraum auf Jacksons Haus gerichtete und vom CIA gesteuerte Strahlenkanone dar. Der King of Pop musste sterben, weil er Impfgegner war, denn die finsteren Mächte hinter dem Attentat planten einen als Impfung getarnten Massenmord, so die These. Gemeinsam mit Sheikh Abdullah bin Hamad Al-Khalifa, dem Prinzen von Bahrain, kämpfte Michael Jackson gegen dieses üble Vorhaben. Beweis für die Meucheltat: Der russische Militärsatellit Kosmos 2450 registrierte zum Todeszeitpunkt einen elektromagnetischen Strahl, der genau auf Jacksons Haus gerichtet war.

Jesus, ein Plagiat?

Verschwörungstheorie oder die reine Wahrheit? Es könnte sein, dass sich 2,3 Milliarden Christen weltweit irren: Jesus hat nie auf Erden geweilt, er ist vielmehr eine Kunstfigur. Seine Biografie wurde aus den Lebensläufen geschichtlicher Helden und Götter zusammengebastelt. Herakles wandelte wie Jesus auf dem Wasser, Apollonius stieg direkt zum Himmel auf, als er gestorben war, Asklepios war bekannt für seine Wunderheilungen, der Kult um Mithras kannte sieben Sakramente und ein Jüngstes Gericht, und Dionysos erfreute sich ebenfalls einer jungfräulichen Geburt, weil Götterchef Zeus sein Vater war. So manches bewegte Leben floss mit ein. Der römische Satiriker Petronius (14–66 n. Chr), der in den ersten Jahren des jungen Christentums lebte, erklärte in einem einzigen Satz, warum er seinerzeit so einen guten Nährboden für eine Gestalt wie Jesus darstellte: »Unsere Gegend ist so voll von gegenwärtigen Gottheiten, dass man leichter einen Gott als einen Menschen findet.«

Die Village People – Join the Navy!

Ein Kriegsschiff, fünf Phantomjäger und 200 bis 300 Soldaten stellte die Navy für einen Videodreh der Band The Village People zur Verfügung, die ihren Song »In the Navy« angemessen präsentieren wollte. Da verwundert es nicht, dass sich in den USA hartnäckig das Gerücht hält, die Navy habe den Song sogar in Auftrag gegeben, um einen ähnlichen Effekt wie bei dem Hit »YMCA« derselben Band für die eigene Mitgliederwerbung zu nutzen. Der Titel wurde ein Riesenhit, allerdings nicht für die Navy. Dort bemerkte man nämlich das vergiftete Geschenk: Im Text steckte deutliche Kritik an der gegen Homosexuelle gerichteten Politik der US-Marine.

Club 27 – ein Teufelspakt?

Brian Jones, Jimi Hendrix, Jim Morrison, Janis Joplin, Kurt Cobain und Amy Winehouse – sie alle starben im Alter von 27 Jahren. Die Ursache: Drogen, psychische Krisen, eine Folge des tiefen Falls nach einem kometengleichen Aufstieg? Alles Unsinn, sagt die Verschwörungstheorie. Es ist ein Pakt mit dem Teufel! Satan, Luzifer oder Beelzebub, der jeweils gerade für Popmusik zuständige Fürst der Unterwelt, versprach ihnen schnellen Ruhm und großen Reichtum – aber mit 27 ist Sense bzw. es kommt der Sensenmann. Fragt sich nur: Würden Sie, wenn Sie derartig genial begabt wären, derartig nachteilige Verträge unterzeichnen?

Jim Morrison lebt!

Der Frontmann der Doors, der Kultband des Psychedelic Rock, Jim Morrison, wurde am 3. Juli 1971 von seiner Lebensgefährtin Pamela Courson tot in der Badewanne seiner Pariser Wohnung aufgefunden. Die offizielle Todesursache: Herzinfarkt. Der fast 50 Jahre zurückliegende Tod von Jim Morrison beschäftigte die Fantasie seiner Fans vor allem deshalb, weil es eine Obduktion seines Leichnams nie gegeben hat. Die tödliche Dosis Heroin dominierte in den Spekulationen. Wenn es das Rauschgift war, wer hat es ihm verabreicht? Seine Lebensgefährtin, die genau dies später kurz vor ihrem Tod behauptete? Oder war es der Freund von Marianne Faithfull, wie die Musikerin 2014 in einem Interview erzählte? Möglicherweise hat auch Ray Manzarek, Keyboarder der Doors, die tatsächlich hieb- und stichfesten Informationen 2008 in der *Daily Mail* veröffentlicht: Ein Jahr vor seinem Tod soll Jim Morrison einem Kumpel einen Werbeprospekt über die Seychellen mit der Bemerkung gezeigt haben: »Wäre das nicht der perfekte Fluchtort, wenn alle anderen glauben, du bist tot?« Morrison habe seinen Tod in Paris nur inszeniert und führe unterdessen ein angenehmes Leben in dem Paradies im Indischen Ozean.

John Lennon – Opfer der CIA

Über jeder Leiche kreisen die Geier, die Gesundheitspolizei von Mutter Natur. Ob es allerdings gesund ist, jeden prominenten Verstorbenen den Medien zum Fraß vorzuwerfen, kann hier nicht beantwortet werden. Als John Lennon ermordet wurde, kamen die polizeilichen Ermittlungen zu dem Schluss, ein Einzeltäter namens Mark David Chapman habe das Mitglied der Jahrhundertband The Beatles getötet. Dass er als Einzeltäter handelte, zweifelte der Autor Fenton Bresler 1989 in seinem Buch *Who killed John Lennon?* nicht an, er untersuchte aber die Tathintergründe genau. Handelte Mark David Chapman nicht als verrückter Einzeltäter, sondern als Marionette der CIA, gezielt durch Drogen und Gehirnwäsche programmiert? Wie waren die Hilfsorganisation World Vision, für die Chapman arbeitete, und die Sekte Peoples Temple in den Mordfall verwickelt? Wir wissen es nicht und werden es nie erfahren. Aber eine Verschwörungstheorie ernährt ihren Mann.

Keanu Reeves ist unsterblich!

Was an diesem erfolgreichen kanadischen Schauspieler besonders fasziniert, ist die Tatsache, dass sich sein Aussehen im Laufe der Jahre nicht verändert. Daraus schließen die einschlägigen Kreise: Keanu Reeves ist unsterblich! Seinen ersten großen Filmerfolg hatte er im Jahr 1989 mit *Bill & Teds ver-*

rückte Reise durch die Zeit, man sah ihn 1999 und 2003 in *Matrix* und *Matrix reloaded* und 2020 – mit 56 Jahren – sieht er immer noch aus wie damals. Das Internet reagiert darauf mit einer Website: www.keanuisimmortal.com zeigt ihn in Fotografien über die Jahre hinweg und versucht sogar zu beweisen, dass er identisch mit großen Personen der Geschichte ist.

Wer schrieb Harry Potter?

Es war die norwegische Regisseurin Nina Grünfeld, die 2005 öffentlich ihre Bedenken äußerte: Ist J. K. Rowling tatsächlich die Autorin der populären *Harry Potter*-Reihe? Ihre Argumentation: Wie kann eine einzelne Person in so schneller Abfolge so viele Bücher schreiben und zugleich einen solchen Erfolg managen? Gibt es da im Hintergrund nicht vielleicht eine groß angelegte Strategie von Marketingexperten? Beweise für diese Vermutung konnte sie nicht erbringen. Dennoch lebt die Verschwörungstheorie, *Harry Potter* sei nur ein perfekt an den Massengeschmack angepasstes Produkt und J. K. Rowling sei nicht die Autorin, sondern einfach eine Schauspielerin in der Rolle der Schriftstellerin, bis heute weiter.

POLITISCHE VERSCHWÖRUNGEN

Der Kampf um die Macht tobt immer und überall und deshalb sind Verschwörungen in diesem Bereich an der Tagesordnung – echte Verschwörung. Eine solche war zum Beispiel der Gunpowder Plot, die Pulververschwörung in Großbritannien: Britische Katholiken, allen voran der Attentäter und Sprengstoffexperte Guy Fawkes und seine Helfershelfer, versuchten im Jahr 1605, das britische Parlament samt König Jakob I. und seiner Familie während der am 5. November stattfindenden Parlamentseröffnung in die Luft zu sprengen. Es war kein Selbstmordattentat, die waren damals noch nicht in Mode. Stattdessen sollten 36 Fässer Schwarzpulver – insgesamt 2,5 Tonnen – im Keller des Westminster Palace die verhassten Feinde ins Jenseits befördern. Doch der Sprengstoff wurde gefunden – schlecht für die Attentäter, die schon damals wenig beliebt waren. Einige von ihnen starben bei ihrer Verhaftung, wieder andere wurden vor dem westlichen Ende der St Paul's Cathedral auf bestialische Weise hingerichtet, nämlich bis zur Bewusstlosigkeit gehenkt, dann ausgeweidet und gevierteilt. Das missglückte Attentat beendete zugleich die Versuche der katholischen Kirche, sich in Großbritannien wieder Geltung zu verschaffen.

John F. Kennedy lebt – wenn nicht: Wer war es dann?

Die Ermordung von John F. Kennedy am 22. November 1963 in Dallas/Texas war für die gesamte freie Welt ein Schock. Die Versuche, den Tod eines der wichtigsten Staatsmänner der westlichen Welt der damaligen Zeit kriminalistisch aufzuklären und in einer allgemein anerkannten Darstellung öffentlich zu machen, waren von vornherein zum Scheitern verurteilt, denn hinter jeder Straßenecke lauerten die Verschwörungstheoretiker und suchten nach Ermittlungsfehlern und Manipulationen der vorgefundenen Beweise. Für viele war von vornherein klar: Die CIA hat alle Fotos und Filmaufnahmen manipuliert, denn der freiheitlich denkende Präsident war der Central Intelligence Agency ein Dorn im Auge – so nahm man an. Andererseits wurde vermutet, es könnten auch konkurrierende Mitglieder der amerikanischen Regierung den Mord in Auftrag gegeben haben. Irrtum, riefen sofort die Ufologen, der Präsident hatte Einsicht in geheime Ufo-Akten gefordert, seine Ermordung sollte verhindern, dass er die nackte Wahrheit über die Außerirdischen erfuhr. Auf jeden Fall war der Mörder Lee Harvey Oswald ein Teil dieser Verschwörungen, und als dieser kurz darauf von dem Nachtklubbesitzer Jack Ruby erschossen wurde, kochten die Gerüchte ein weiteres Mal hoch. Auch der Warren-Kommission, von Kennedys Nachfolger Lyndon B. Johnson eingesetzt, die Lee Harvey Oswald zum alleinigen Attentäter erklärte, wollten Skeptiker nicht folgen, hatte man doch herausgefunden, dass FBI, CIA und der Secret Service der Warren-Kommission Informationen zu bedeutenden Tatsachen vorenthalten hatten.

Als Mitwisser im Hintergrund wurde der Filmregisseur Oliver Stone vermutet, von dem einige ohnehin annahmen, dass er ein Alien sei. Kurz: In der Folgezeit schossen die unterschiedlichen Verschwörungstheorien weiter wie Pilze aus dem Boden, und jeder kochte sein Süppchen aus den wenigen Fakten, die an die Öffentlichkeit kamen. Mehrere Filme über das Attentat fanden ihre Zuschauer, einer davon sah Fidel Castro und den kubanischen Geheimdienst als Drahtzieher des Verbrechens.

Nicht zu vergessen, es gibt auch eine Verschwörungsfraktion, die Kennedys Ermordung zum Fake erklärt: Tatsächlich lebt Kennedy, so meinen sie. Irgendwer hat ihn irgendwo gesehen. Kennedy-Fans vermuteten auch noch 2016, dass der mittlerweile 99 Jahre alte Ex-Präsident an einem abgeschiedenen, malerischen Ort seine letzten Tage genießt.

Die Mörder von Martin Luther King

Ähnlich befremdlich sind die Spekulationen über die Ermordung des Baptistenpfarrers und Bürgerrechtlers Martin Luther King am 4. April 1968. Die Theorie: Der geistige Führer wurde von Mafia und/oder FBI ermordet. Dessen Chef J. Edgar Hoover, bekannt als feindselig gegenüber der Bürgerrechtsbewegung, gab das Verbrechen in Auftrag. Der vor Gericht gestellte und verurteilte Täter James Earl Ray sollte die Öffentlichkeit nur von den wahren Hintergründen ablenken. Nach einer langen Flucht durch die halbe Welt gestand der mehrfach vorbestrafte Rassist am 10. März 1969 – seinem Geburtstag – die Tat und wurde zu 99 Jahren Haft verurteilt. Er widerrief aber sein Geständnis schon drei Tage später und bestritt von diesem Zeitpunkt an, der Mörder von King gewesen zu sein. Vor diesem Hintergrund begannen die Spekulationen und Verschwörungstheorien, die Mörder seien in einflussreichen reaktionären Organisationen oder sogar in der Bundespolizei FBI und dem Geheimdienst CIA zu suchen.

Stuttgart-Stammheim – Mord durch Unterlassung?

Am 18. Oktober 1977 bewegte der Selbstmord der RAF-Terroristen Baader, Ensslin und Raspe im Hochsicherheitstrakt des Gefängnisses Stuttgart-Stammheim die Nation – die Linksextremisten, die Führungsriege der Roten Armee Fraktion, hatten in einer aussichtslosen Situation den Suizid als letzte Möglichkeit gewählt wie auch schon Jahre zuvor die Terroristin Ulrike Meinhof. In den Monaten zuvor hatten die Gefangenen sich über Isolationsfolter und Vernichtungshaft beklagt, Amnesty International hatte ihre Haftbedingungen kritisiert. Vor diesem Hintergrund ist das Entstehen gleich eines ganzen Bündels von Verschwörungstheorien nur eine natürliche Folge. Nein, so hieß es von interessierter Seite, das war kein Selbstmord, das war staatlich verordneter Mord – oder zumindest Mord durch Unterlassung. Man vermutete, der kollektive Selbstmord wäre zu verhindern gewesen, zumal die Gefangenen in ihren Zellen abgehört wurden, doch die Behörden stritten ab, von der Existenz von Schusswaffen gewusst zu haben. Weiter schürte das Feuer das Vorgehen der Ermittlungsbehörden: Nicht alle Fakten kamen auf den Tisch, Ermittlungsakten blieben geheim, die Veröffentlichung bestimmter Details wurde sogar verboten – Futter für die Gerüchteküche, die der Tatort *Der rote Schatten* von Dominik Graf 2017 wiederbelebte, weil er sowohl die offizielle Version als auch die Verschwörungstheorien zum Inhalt hatte.

Clinton, Monica und die Zigarre

US-Präsidenten eignen sich hervorragend für wilde Vermutungen und Verschwörungstheorien, und zwar sowohl im positiven Sinne wie auch als Opfer übler Nachrede. Clinton-Fans zum Beispiel behaupten: Nichts ist wahr an dieser unangenehmen Geschichte mit der Praktikantin Monica Lewinsky, der die amerikanische Geschichte die schönen Begriffe »Monicagate« oder auch »Zippergate« verdankt. Das alles ist nichts weiter als eine üble Verschwörung! Der US-Präsident hatte nie etwas mit seiner Praktikantin, und auch dass er sehr seltsame Dinge mit Zigarren gemacht haben soll, ist nichts weiter als das Produkt einer schweinischen Fantasie. Basta! Sagt jedenfalls auch Bill Clinton. Aber er soll nicht mehr gern antworten, wenn man ihn danach fragt. Nein, so meinen seine Fans, der Präsident ist sauber.

Ganz anders hingegen sieht das eine andere Fraktion der Verschwörer: Bill hat noch mehr Dreck am Stecken(!): Der Präsident soll nämlich die Scientology-Sekte unterstützt haben. Besagte Verschwörungstheoretiker wissen auch genau, warum und mit welchem persönlichen Vorteil: Präsident Bill Clinton hat seinerzeit zugesagt, die in Europa nicht sehr angesehene Sekte der Scientologen zu unterstützen, wenn im Gegenzug eine bestimmte Person in der Hollywoodsatire *Primary Colors* über den Wahlkampf eines fiktiven Präsidentschaftskandidaten, der merkwürdigerweise sehr viel Ähnlichkeit mit Clinton aufwies, positiver dargestellt würde. Vielleicht sollte man mit diesem Wissen den Film noch einmal etwas genauer ansehen.

Die Besprühten von Griechenland

Die politischen Krisen kommen und gehen, und eine Zeit lang war die Griechenlandkrise in aller Munde, als die EU im Jahr 2013, geführt von Euro-Mutti Angela Merkel und unterstützt von ihrem Kettenhund Schäuble, Griechenland zum Testlabor für einen extremen Sparkurs machte. So zumindest sahen das gewisse Kreise, denen Merkel ein Dorn im Auge war und ist. In südländischer Manier tendierten große Teile der griechischen Bevölkerung dazu, ihrem Unmut darüber in Demonstrationen in der Hauptstadt Athen Luft zu machen, doch erstaunlicherweise blieb der erwartete Volksaufstand aus. Statt Hunderttausenden von Protestierern kamen nur wenige Tausend zusammen. Ursache: Die potenziellen Randalierer wurden mit Beruhigungsmitteln behandelt. Die vermeintlich Betroffenen nannten sich »Psekasmenoi«, zu Deutsch »die Besprühten«, denn das Mittel kam von einem der über der Stadt kreisenden Hubschrauber und hat den eigentlich anstehenden großen Ausbruch von Volkes Zorn verhindert. Darüber, welches Mittel denn nun versprüht worden war, war man sich nicht einig, aber man hatte den Verdacht, dass es sich auf jeden Fall um ein Sedativum oder sogar Schlafmittel gehandelt haben müsse.

Die Schlümpfe und Microsoft sind Antisemiten

Was haben die Schlümpfe und Microsoft gemeinsam? Sie hassen die Juden, glauben zumindest fest überzeugte Verschwörungstheoretiker. Und Beweise dafür gibt es genug. Die Schlümpfe: uniformiertes Aussehen und Verhalten, der Boss trägt einen roten Hut (Kommunist?). Der Feind ist jüdisch, denn der böse Zauberer Gargamel hat eine Hakennase. Und Microsoft? Bestimmte Symbole im Zeichensatz Wingdings, die mittlerweile ausgetauscht wurden, sollen das belegt haben (nein, keine stilisierten Hakennasen). Überhaupt regt Wingdings die Fantasie an. Weitere Theorien ranken sich um den zu Microsoft Windows gehörenden Zeichenfont: Wenn man die Buchstabenfolge NY33Q in den Font Wingdings umwandelt, erscheinen folgende Zeichen:

☠✡🗏🗏✈

NY33Q – warum gerade diese Buchstaben? NY steht für New York und eines der Flugzeuge soll eine Boeing 737-33Q gewesen sein. Schon seltsam, oder?

Eingestellt durch diese verblüffende Theorie tendiert meine Leserschaft jetzt vielleicht dazu, auch die folgende kreative Einschätzung der Wirklichkeit für bare Münze zu nehmen:

Präsident Lech Kaczyński war Opfer eines Anschlags

Am 10. April 2010 kam es zur Tragödie von Smolensk: Der polnische Präsident Lech Kaczyński und weitere zur polnischen Elite gehörende Politiker kamen beim Absturz der Präsidentenmaschine in Russland ums Leben. Die Maschine Typ Tupolew 154M war auf dem Weg zu einer Gedenkfeier bei dichtem Nebel in eine Baumgruppe gerast und zerborsten. Alle 96 Menschen an Bord kamen ums Leben, und nicht nur der Bruder des Präsidenten Jaroslaw Kaczyński behauptete nach dem Absturz, dass das Flugzeug mit seinen Insassen einem Anschlag zum Opfer gefallen sei. Der russische Geheimdienst habe die Finger im Spiel, unterstützt oder sogar im Auftrag von Lech Kaczyńskis Erzrivalen Donald Tusk. Wer sonst sollte bei dieser Tragödie die Fäden gezogen haben? So wurde aus einer Flugkatastrophe der »Mord von Smolensk« – ein Drittel aller Polen glaubte und glaubt womöglich noch daran.

Den Verschwörungstheoretikern förderlich waren die dilettantischen Ermittlungen der zuständigen polnischen Militärstaatsanwaltschaft. Fehler reihte sich an Fehler, Chefankläger Ireneusz Szelag ließ sich voller amateurhaftem Ermittlungseifer zu einem kuriosen Statement in einer Anhörung vor dem polnischen Parlament Sejm hinreißen:

»Wir haben die Sprengstoffdetektoren an eine Flasche Parfum, eine Dose Schuhcreme und an ein Würstchen gehalten. Jedes Mal hat das Gerät TNT-Alarm ausgelöst.«

Ob Würstchen oder nicht, es war Sprengstoff im Spiel, konnte man annehmen. Doch derselbe Ireneusz Szelag dementierte wenig später, als die konservative Zeitung *Rzeczpospolita* die Ansicht vertrat, es habe eine Explosion an Bord gegeben. Nein, dementierte Szelag, am Wrack wurde kein TNT und auch kein anderer Sprengstoff gefunden. Der besagte Artikel kostete den Autor und den Chefredakteur ihren Job.

Alles geklärt? Keineswegs. Im Kreuzverhör durch Abgeordnete gestand Szelag, dass die Detektoren sehr wohl TNT angezeigt hatten, versuchte aber, seinen kuriosen Würstchentest als Versuch zu verkaufen, die Unzuverlässigkeit der Geräte zu beweisen. Weitere Untersuchungen, so der Ermittler, würden Jahre in Anspruch nehmen.

Ob TNT oder nicht – einen eindeutigen Beweis für einen Anschlag hätte das Vorhandensein von Sprengstoff am Flugzeug ohnehin nicht dargestellt, war die Maschine doch mehrfach im Einsatz mit Soldaten unterwegs gewesen und mit Ausrüstung und Waffen nach Afghanistan und in den Irak geflogen. Andere Anzeichen für einen Anschlag – die Art der Zerstörungen am Wrack, die Verletzungen der Leichen und die Aufzeichnungen des Flugschreibers – ließen sich nicht finden.

Dennoch geben viele Polen die Anschlagstheorien nicht auf. Zu krass sind die Fehlleistungen der ermittelnden Behörden, denen sogar bei der Identifizierung der Opfer Verwechslungen unterliefen: In so manchem Grab lag jemand ganz anderes. Schuld sollen die russischen Behörden sein – sagen die Polen.

In der Tat liegt möglicherweise auch eine Mitschuld beim Personal des russischen Flughafens, der für eine Landung bei einer derartigen Wetterlage völlig ungeeignet war. Die Warnungen vom Tower sollen zu spät gekommen sein.

Wie die Katastrophe tatsächlich abgelaufen ist, wird wohl nie geklärt werden, auch wenn es bereits Hunderte Aktenordner mit Untersuchungsergebnissen gibt.

Obama ist kein Amerikaner

Obama ist kein Amerikaner, sondern ein Alien oder der Teufel. Um mit der realitätsnächsten Verschwörungstheorie zu beginnen: Es gibt Zweifel an Obamas Geburt in den USA. Und damit an seiner rechtmäßigen Präsidentschaft. Die Verschwörungsgruppe der Birthers glaubt, dass er sein Amt überhaupt nicht ausüben darf. Die Regel ist ebenso klar wie offenbar auch interpretationsfähig: Neben anderen Voraussetzungen muss der künftige Präsident auch *natural born citizen* der Vereinigten Staaten von Amerika sein. Das wurde früher so interpretiert, dass er auf dem Boden der Vereinigten Staaten zur Welt gekommen sein musste. Seit John McCain, geboren in Panama, für das Amt kandidierte, wird die Regel etwas lascher ausgelegt: Jeder Mensch, der die Staatsbürgerschaft der Vereinigten Staaten durch seine Geburt erlangt hat, gilt als *natural born citizen*.

Im Falle Barack Obama ist die Situation nach den einschlägigen Verschwörungstheorien rätselhafter und undurchschaubar. Es soll eine Geburtsurkunde aus dem Bundesstaat Hawaii geben, aber auch eine zweite aus Kenia. Nach widersprüchlichen Aussagen Beteiligter wurde Obama in zwei hawaiianischen Krankenhäusern auf der Insel Oahu zugleich geboren, was aber kein Arzt mit seiner Unterschrift bestätigte. Der ehemalige Präsident hat sich dazu nicht klärend geäußert. Die Behörden auf Hawaii weigern sich, die vollständigen Unterlagen herauszugeben, das Original der Geburtsurkunde sei verschwunden, aber die zuständigen Beamten haben eine Art Superurkunde in *short form* veröffentlicht, in der alles so angegeben wird, dass es perfekt für den Präsidenten passt. Verwirrend? Es geht noch besser: Obamas Großmutter jedenfalls behauptet, dass sie bei der Geburt ihres Enkels Barack Hussein Obama im Coast Hospital von Mombasa, Kenia, dabei gewesen ist. Damit wäre Barack Obama ein afrikanischer Muslim, Kenianer und Bürger des britischen Commonwealth, Mitglied des Stammes der Luo, also vermutlich bestens qualifiziert, um die Geschicke des Staates Kenia zu lenken …

Haben Sie Angst vor Mächten, die im Hintergrund der Weltpolitik die Fäden in der Hand haben? Die Vertreter der Reptilian Resistance vermuten, dass Außerirdische bereits als Sicherheitsleute in das Team des amerikanischen Präsidenten Obama eingesickert sind oder sogar dass der Präsident selbst zu ihnen zählt – eine gut getarnte, reptilienähnliche Rasse aus den Tiefen des Weltalls. Unscharfe Fotos und verwaschene Videos sollen das belegen. Natürlich sind die Außerirdischen Formwandler und können ihr Äußeres ganz nach Belieben manipulieren, sie können heute als Barack Obama und morgen als Angela Merkel auftreten. Ja, allen Ernstes, auch die Bundeskanzlerin ist auf vielen Fotos mit den typischen Reptilienschlitzaugen zu sehen. Die Mutti der deutschen Nation ist also nicht nur starrsinnig in der Flüchtlingsfrage, sondern auch noch eine Echse. Wer kann also sagen, wen sie demnächst nach Deutschland einladen wird. Aber wir schaffen das …

Und noch eine ähnlich sorgfältig begründete Vermutung: Obama ist der Teufel. Viel zu dieser Idee beigetragen hat der

Spielfilm *The Bible*, in dem der Teufel nicht nur schwarz ist, sondern in seinen Gesichtszügen eindeutig dem Ex-Präsidenten ähnelt – meinen Verschwörungstheoretiker aus unterschiedlichen Lagern, von denen einige häufiger auch in weißen Kutten mit Kapuzen zu sehen sind.

Die Idee, dass der jeweilige weltanschauliche Gegner der Herr der Hölle sein könnte, stammt aus der Gegenreformation, wo wechselseitig Martin Luther und der Papst als Fürst der Finsternis porträtiert wurden. In den geistdurchdunkelten Denkgebäuden Amerikas löste Barack Obama während seiner Zeit als Präsident Saddam Hussein und Osama bin Laden in der Rolle als Gottes Widersacher ab. Er trat nur in Konkurrenz zu Papst Franziskus, in dem gewisse Kreise der katholischen Kirche den vorausgesagten Antichrist sehen, weil er gewisse Reförmchen der erstarrten katholischen Kirche in die Wege geleitet hat. Im Wahlkampf 2016 nahmen auf Initiative der genau gegenteilig orientierten gesellschaftlichen Gruppen noch ein paar weitere Konkurrenten am Teufelscasting teil: Donald Trump und Hillary Clinton bezeichneten sich wechselseitig als Anführer der gefallenen Engel. Teufel auch, wer soll denn da noch den Überblick behalten?

Die Bilderberg-Konferenzen

Zum ersten Mal trafen sie sich zu dieser privaten Veranstaltung im Hotel De Bilderberg in Oosterbeek bei Arnheim. Dieses erste Plauderstündchen fand im Mai 1954 statt. Seither kommen sie jedes Jahr wieder an unterschiedlichen Treffpunkten zusammen, die Großen dieser Welt, Bankiers und Geheimdienstler, Geschäftsleute, Politiker und sogar die Staatsoberhäupter der Industrienationen. Die jeweiligen Tagungshotels bleiben in der Zeit der Konferenzen für andere Gäste geschlossen. Der Inhalt der Gespräche: streng geheim. Sind sie es, die in Wirklichkeit die Welt regieren?

Es ist die Geheimhaltung, die den Stoff für die Verschwörungstheorien liefert. Verschiedene Autoren haben ihre Vorstellungen von einer geheimen Weltregierung in Büchern veröffentlicht wie etwa Des Griffin in *Fourth Reich of the Rich*, in dem er eine Weltdiktatur hinter den Konferenzen vermutet. Politische Morde sollen auf Initiative der geheimen Bilderberg-Verschwörung geschehen sein, Olof Palme und Alfred Herrhausen zu den Opfern dieser Aktivitäten zählen, wie der deutsche Autor Andreas von Rétyi vermutet. Er sieht auch weiteres Eingreifen in das Weltgeschehen an neuralgischen Orten: Die Ölkrise 1973, die Wiedervereinigung beider Teile Deutschlands 1990, die Initiative zu einem nordamerikanischen Freihandelsabkommen 1991, die Anschläge vom 11. September 2001 und der Irakkrieg 2003 sollen perfide geplante Bilderberg-Produkte sein. Andere Gruppen sehen eine Verschwörung der jüdischen Milliardärsfamilien Rockefeller und Rothschild mit internationalen Banken, natürlich auch mit dem Ziel einer geheimen Weltregierung. Antisemiten in der ganzen Welt folgen ihnen in diesen Vorstellungen. Fidel Castro vermutete 2010 sogar, der atomare Holocaust solle den Weg für eine Weltregierung bahnen, gigantische Opferzahlen würden die Bilderberg-Plutokraten dafür gerne in Kauf nehmen. Ähnliches vermutet der russische Journalist Daniel Estulin in seinem 2007 veröffentlichten Buch *Die wahre Geschichte der Bilderberger*.

Was ist denn nun Wahrheit, was wüste Spekulation? Dass die Mächtigen dieser Welt sich nicht eigens treffen, um über die Gestaltung ihrer Vorgärten zu reden, müsste jedermann klar sein. Manche Lobbyistenveranstaltung ist dagegen ein Kindergartengeburtstag. Auch dass der ein oder andere informelle Deal globalen Ausmaßes abseits herkömmlicher diplomatischer Kanäle in die Wege geleitet wird, dürfte außer Frage stehen. Ungewiss hingegen ist, ob es einen ganz großen Plan, eine ebenso stillschweigende wie geheime Vereinbarung mit dem Ziel einer Weltregierung gibt, die die Fäden im Hintergrund zieht, während wir naiven Bürger an die Institutionen von Parlament und Demokratie glauben.

Die Mondlandung fand nie statt

Der Klassiker unter den im Internet verbreiteten Verschwörungstheorien: Fotos, Videos und lange Argumentationstexte belegen: Die Astronauten von Apollo 11 waren gar nicht auf dem Mond. Aber die NASA brauchte dringend eine Erfolgsmeldung. Schließlich hatte Präsident Kennedy eine Mondlandung schon 1961 angekündigt. Und so bastelte man sich eben mehr schlecht als recht zusammen, was technisch noch nicht realisierbar war: Menschen auf dem Mond. Nur leider ging dabei so manches schief. Die drei Astronauten Neil Armstrong, Edwin »Buzz« Aldrin und Michael Collins agierten in einem Filmstudio. Das behaupten zumindest die Verschwörungstheoretiker. Falsch fallende Schatten auf Fotos zeigen, dass nicht die parallel auftreffenden Strahlen der Sonne die Szenerie beleuchteten, sondern Scheinwerfer. Im Wind wehende Fahnen, im luftleeren Raum undenkbar, sind ein weiterer schlagender Beweis wie auch fehlende Krater unter den Triebwerken der Mondlandefähre, verursacht durch die austretenden Verbrennungsgase. Fazit: Den Russen sollte mit allen Hollywoodtricks vorgegaukelt werden, dass die Amerikaner ihnen in der Forschung weit überlegen waren. Unterdessen belegen bereits Werbeclips für Urlaubsportale, dass es schon so gewesen sein könnte.

Es gibt keinen Mond!

Dass es sich bei der Mondlandung um reinen Fake handelt, weiß mittlerweile jeder Verschwörungsgläubige, allerdings ist damit das Potenzial des Irrsinns noch nicht voll ausgeschöpft. Eine Steigerung findet das kreative Querdenken in der Behauptung, dass es überhaupt keinen Mond gibt. Bei dem Ding am Himmel handelt es sich – ähnlich wie in dem Spielfilm *The Truman Show* – um eine Projektion oder einen Satelliten, der nicht etwa zur nächtlichen Beleuchtung in den Himmel geschossen wurde, sondern der Manipulation der Menschen auf der Erde dient. Es ist nur logisch, dass man auf einem Mond, den es gar nicht gibt, auch nicht landen kann.

Menschen auf dem Mond? Auf dem Mars!

Während die einen noch darüber diskutieren, ob die Mondlandung von 1969 nur vorgetäuscht war, lachen sich die anderen – wissende Verschwörungstheoretiker – ins Fäustchen: Ihr Dumpfbacken, wir waren doch schon längst auf dem Mars, und zwar genau am 22.5.1962. Die von den beiden Supermächten organisierte Expedition diente dem Zweck, zu klären, ob der Mars bewohnbar sein würde – für den Fall, dass die vielen Tausend Atombomben unseren Heimatplaneten unbewohnbar machen würden, was in diesen Tagen alles andere als unwahrscheinlich war. Unter dem Titel *Alternative 3* finden sich Informationen über die Planetenreise, über ein Weltraumauswanderungsprogramm, Basen auf Mars und Mond und sogar ein Video vom Roten Planeten. Darauf ist eine Stimme in Russisch zu hören: »Мы на Марсе - и у нас есть воздух!« Wir sind auf dem Mars – und wir haben Luft!

9/11 – nichts als ein Fake?

Der Anschlag auf das World Trade Center – ein Fake? Alles Erfindung. Am 11. September 2001 zog die CIA die Strippen. Die Flugzeuge waren nur Teil eines Ablenkungsmanövers und eines von ihnen war gar keins, sondern eine fliegende Bombe. In Wirklichkeit wurden die Türme gesprengt, denn sie waren zu stabil, um von einem Flugzeug zerstört zu werden. Die Attentäter leben noch und in Pennsylvania ist nie ein Flugzeug abgestürzt. Der damalige Präsident Bush wollte einen Krieg ums Öl anfangen und brauchte einen Grund dafür. Experten hatten schon immer vermutet, dass der Anschlag auf die Zwillingstürme so nicht abgelaufen sein kann, wie er in Presse und Medien geschildert wurde. Möglicherweise wurde auch eine Atombombe unter den Hochhäusern gezündet oder es war Nanothermit im Einsatz, rätselhafte winzige Sprengstoffpartikel, die Forscher aus Dänemark in den Trümmern gefunden haben sollen. Es könnte aber auch eine geheimnisvolle Laserwaffe aus dem Weltall zum Einsatz gekommen sein oder die Freimaurer bzw. die Illuminati hatten ihre Finger im Spiel. Die üblichen Verdächtigen eben.

Hier die Details zu einer von vielen Verschwörungstheorien zu diesem schwerwiegendsten aller Terroranschläge, und die Argumentation ist schon irritierend: Die These einer kontrollierten Sprengung kursierte in »gewöhnlich gut informierten Kreisen«, sickerte in die Öffentlichkeit durch und wurde blitzschnell von zahllosen Menschen aufgegriffen. Mehr als ein Jahrzehnt nach dem Anschlag wird offiziell von Experten verkündet, dass es so und nicht anders gewesen sein muss. Ein glühender Verfechter dieser Theorie ist der Ingenieur und Sprengmeister Johann Kalari aus Wien. Als Unterstützer der Organisation Architects & Engineers for 9/11 Truth, eines Zusammenschlusses von mehr als 2300 Architekten und Ingenieuren, fordert er wie diese eine grundlegend neue und unabhängige Untersuchung der Terrortaten, die vielleicht keine waren.

Seine Argumentation für die Theorie der kontrollierten Sprengung: Die Berichte des National Institute of Standards and Technology (NIST) der USA enthalten gravierende Fehler und Fakten wurden falsch interpretiert.

Der Ablauf der Katastrophe: Zwei Flugzeuge beschädigen am 11. September 2001 um 8:46 Uhr und 9:00 Uhr die Zwillingstürme des World Trade Center schwer und die 415 Meter hohen Wolkenkratzer stürzen nach etwa einer Stunde in sich zusammen – jedes Bauwerk in nur 14 Sekunden. Trümmerteile werden dabei von den einstürzenden Bauwerken so weit fortgeschleudert, dass durch sie in einem angrenzenden Bürogebäude, dem 174 Meter hohen World Trade Center 7, die Büromöbeleinrichtung zu brennen beginnt. Die Sprinkleranlage versagt, das Unheil nimmt seinen Lauf. Gegen 17:20 Uhr bricht das Gebäude in nur 6,5 Sekunden vollständig in sich zusammen. Allerdings war der Brand in den Büroräumen schon etwa eine Stunde vorher vollständig erloschen.

Die Bilanz des Schreckens: 2602 Büromitarbeiter, 343 Feuerwehrmänner, 60 Polizisten und 8 Sanitäter kommen ums Leben, darunter Menschen, die sich in ihrer Verzweiflung vor den Augen von Fernsehkameras aus den höheren Stockwerken in den Tod stürzen.

Die Behörden, so Johann Kalari, taten nichts, um die schnelle Aufklärung der Katastrophe zu gewährleisten. Fakten wurden geheim gehalten und Zeugenaussagen unterdrückt, was unter anderem zu gewagten Theorien über den tatsächlichen Ablauf und zur Gründung der bereits genannten Organisation Architects & Engineers for 9/11 Truth führte, die weltweit Unterstützer fand. Sie forderten immer wieder die genaue Untersuchung der Vorgänge durch eine unabhängige Kommission und führten etliche Belege für die Theorie einer kontrollierten Sprengung an:

Der unglaubliche Einsturz der Gebäude in wenigen Sekunden, die Trümmerteile stürzten fast im freien Fall. Keine inneren Strukturen wie Träger oder Zwischendecken schienen sie dabei aufzuhalten oder in ihrem Fall zu bremsen. Offenbar waren alle tragenden Strukturen des Gebäudes bereits durch die Sprengung pulverisiert worden.

Obwohl der seitliche Einschlag der Flugzeuge die Türme stark beschädigt hatte, stürzten sie nicht etwa schief und seitlich zusammen, sondern exakt vertikal und symmetrisch – eben wie bei einer vorausberechneten Sprengung.

Direkte Augenzeugen und weiter entfernte Beobachter, darunter Polizisten und Feuerwehrleute, die in der Beobachtung von Katastrophensituationen geschult waren, berichteten von Explosionen.

Geschmolzener Stahl entsteht nicht, wenn Flugbenzin brennt. Die dazu nötigen Temperaturen entstehen auch nicht bei einem Gebäudebrand, werden aber problemlos bei der Explosion mancher Sprengstoffe erreicht. Irritierend ist auch, dass der Schutt der Gebäude über Wochen hohe Temperaturen aufwies – durch einen simplen Einsturz nicht erklärbar, aber durch bestimmte Spezialsprengstoffe schon. Solche wurden in den Gebäuden chemisch nachgewiesen.

Die hohe Geschwindigkeit der davonfliegenden riesigen Gebäudeteile, die bis zu 80 km/h erreichten, lässt sich nicht mit den Kräfteverhältnissen bei einem Einsturz erklären. Hier wirkte, so die Verschwörungstheoretiker, die Kraft einer oder mehrerer gewaltiger Explosionen.

Die beim Einsturz verschütteten Opfer waren zum großen Teil nicht mehr auffindbar. Nur etwa 300 Tote ließen sich identifizieren, von den übrigen existierten nur weit um den Explosionsort verstreute Leichenteile – wenn es denn eine Explosion war.

Die Verschwörungstheoretiker berechneten die Menge der Asche in den gewaltigen, sich rasch ausbreitenden weißen Wolken rund um die Gebäude. Das Ergebnis: Es mussten 163 000 Tonnen Beton pulverisiert worden sein. So etwas geschieht nicht bei einem gewöhnlichen Gebäudeeinsturz. Übrigens trat auch Asche aus den Kanaldeckeln in den Straßen rund um das World Trade Center aus – unmittelbar bevor die Türme einstürzten, und nicht etwa danach. Dies soll auf eine vorausgehende Sprengung der Fundamente der Gebäude hindeuten, wie sie das Militär anwendet. Eine Wiederaufnahme der Untersuchungen zum Einsturz des WTC steht seit 2016 noch aus.

Die Euro-Verschwörung

Eigentlich wissen wir es ja alle schon seit Langem: Der Zerfall der EU steht kurz bevor. Beweise? Schon die Währung Euro ist alles andere als krisenfest, ja sie hat sogar so etwas wie eine Sollbruchstelle für den Fall, dass einzelne europäische Nationen nicht mehr mitspielen wollen oder können: Die Pleite einzelner Eurostaaten ist eingeplant. Auf der Rückseite jedes Euroscheins findet sich oberhalb einer Europakarte ohne Grenzen eine Zahlenfolge und ein Buchstabe. Er gibt an, wo der Schein gedruckt wurde. X steht für Deutschland, P für die Niederlande, Z für Belgien, T für Irland, M für Portugal, V für Spanien, S für Italien usw. Diese scheinbar harmlose Information über das Herstellungsland hat nach dem Glauben bestimmter Verschwörungsgläubiger einen ganz anderen Sinn: Mithilfe dieser Buchstaben ist es möglich, gleich Millionen von Geldscheinen für wertlos zu erklären. Wenn Griechenland pleitegeht, sind plötzlich Scheine mit den Buchstaben Y wertlos. Aller Wahrscheinlichkeit nach werden die Euroscheine mit dem Buchstaben X sich als die haltbarsten erweisen. Vielleicht könnte man auch noch die Banknoten mit den Buchstaben W (Dänemark), P (Niederlande) und U (Frankreich) im Safe belassen. Am besten bringen Sie aber schon einmal alle Banknoten mit den Zeichen S, T, Y, V und M in einem großen Konsumrausch unters Volk.

Osama bin Laden – gab es ihn wirklich?

Nein, der Terrorführer ist kein realer Mensch aus Fleisch und Blut, sondern eine Hollywoodinszenierung, geschaffen, um die Winkelzüge kriegerischer Politik zu rechtfertigen. Und wenn es ihn tatsächlich gegeben haben sollte, was nach Ansicht der Verschwörungsgläubigen ja keiner mit letzter Sicherheit sagen kann, so wurde er nicht in einer Nacht-und-Nebel-Aktion getötet, wie uns vorgegaukelt wurde, sondern er verstarb bereits 2002 an den Folgen eines Nierenleidens. Seine sterblichen

Überreste wurden, bestens gekühlt und konserviert, an einem geheimen Ort aufbewahrt. Vor die Kameras der Welt traten in Folge von den US-Geheimdiensten instruierte Doppelgänger, um den Krieg gegen Al-Qaida in Afghanistan zu rechtfertigen. Fällt es Ihnen jetzt nicht auch auf? Bin Laden sah bei jedem seiner Auftritte ein wenig anders aus, war aber immer gut geschminkt.

Der explosive Reisepass

Der große deutsche Verschwörungstheoretiker Heinz Gerhard Vogelsang erklärte den Bundesbürgern 2008, dass viele von ihnen quasi auf einem Pulverfass sitzen und dass sich dieses zumeist in ihrer Brieftasche befindet. Es sind die Ausweispapiere, der deutsche Reisepass und auch der Personalausweis. Diese seien, so meinte Vogelsang, sprengbar. Ein darauf befindlicher Chip kann nämlich durch einen Funkbefehl zur Explosion gebracht werden. Nur in den Pässen von Diplomaten habe man auf dieses explosive Stück Elektronik verzichtet. Gespeist würde dieser geheime Chip durch minimale Ströme, die durch elektromagnetische Felder induziert werden, die durch die unterschiedlichen Metalle der 1- und 2-Euro-Münzen entstehen. Übrigens sollen auch Eurobanknoten solche Selbstzerstörungschips enthalten. Ein Befehl aus der Ferne und *wusch!* ist das Geld weg. Jetzt weiß ich endlich, warum mein Portemonnaie ständig leer ist.

Nummer 404 musste verschwinden

Die auf rätselhafte Weise verschwundene Boeing des Fluges MH370 von Malaysia Airlines hatte offenbar ein schlechtes

Karma: Sie war die 404. Boeing des Typs 777. Jeder Internetnutzer weiß, dass der HTTP-Fehler 404 eine nicht auffindbare Seite beschreibt – also ist die 404. Boeing das Flugzeug, das nicht auffindbar ist. Hinzu kommt: An Bord der Maschine sollen Angestellte eines Datenspeicheranbieters gewesen sein, die im Besitz von Wissen waren, das sowohl für chinesische als auch für US-Geheimdienste von höchstem Interesse war. Möglicherweise also eine Entführung!

Ein eindeutiger Hinweis: Sie wollen die Weltbevölkerung dezimieren!

Als klarer Beleg für finstere Machenschaften wird ein Interview in den *Salzburger Nachrichten* vom 20.1.2001 mit Professor Hubert Markl zitiert, dem damaligen Präsidenten der Max-Planck-Gesellschaft: »Wir sollten es schaffen, die Weltbevölkerung in den nächsten Jahrhunderten wieder auf ein bis zwei Milliarden Menschen absinken zu lassen.« Um diese Zahl zu erreichen, müsste man mindestens vier bis fünf Milliarden Menschen »entfernen« – also in irgendeiner Art und Weise um die Ecke bringen? Logisch, na klar, ereifern sich die üblichen Verschwörer, unter anderem auch der bereits bekannte Herr Vogelsang. Professor Hubert Markl meinte das allerdings anders: Er spricht von einer »sanfte[n] Landung der überhitzten Populationskonjunktur der Menschheit in diesem Jahrhundert« – da wird nichts und niemand ausgerottet.

Die Impfgegnerverschwörung

Es sind die Mächtigen der Pharmalobby, die Impfungen nur zu dem einen Zweck entwickeln: um die Menschen zu kontrollieren oder finanziell auszubeuten. Einen irgendwie gearteten Nutzen von Impfungen streiten sie ab – dass sich die Medizin über die vielfältigen Vorteile von Impfungen einig ist, wird rigoros negiert, der Sinn und Zweck von durch das Impfen erreichter Herdenimmunität ebenso bestritten wie die Gefährdung für andere Menschen durch die Nichtgeimpften. Die Gründe für eine Ablehnung von Impfungen sind diffus, sie beginnen bei einer naivkindlichen Spritzenangst und reichen über die Furcht vor den seltenen Nebenwirkungen und Komplikationen von Impfungen bis in die hintersten Winkel der Alternativmedizin wie bei der Masernimpfung, wobei der auftretenden Infektion der Ungeimpften eine heilsame Wirkung für die kindliche Entwicklung zugeschrieben wird. Auch existieren wilde Spekulationen über die Wirkungen: Eine Polioimpfung könnte zum Beispiel Autismus verursachen, ein Gerücht, das immer noch weiterverbreitet wird, obwohl es wissenschaftlich längst widerlegt ist. Sogar die Existenz bzw. die Pathogenität von Viren wird angezweifelt.

Der Anschlag auf den Boston-Marathon

Eine republikanische Abgeordnete verbreitete Verschwörungstheorien über den Anschlag auf den Boston-Marathon. Stella Tremblay, Abgeordnete im Parlament des Bundesstaats New Hampshire, behauptet, die US-Regierung sei für das Attentat verantwortlich, es handele sich um eine »Black Ops«-Aktion, eine »Black Operation« – so bezeichnet man in den USA illegale Aktionen der Geheimdienste.

Der Moderator Alex Jones verbreitete die Nachricht, die US-Regierung habe das Attentat geplant, Angehörige der US-Marineeinheit Navy Seals seien während des Marathons im Bereich der Ziellinie gesehen worden – samt der Rucksäcke mit den Bomben.

Die demokratischen Abgeordneten benannten die Beschuldigungen ihrer republikanischen Kollegin mit klaren Worten, sinngemäß etwa: »Ein neuer extremistischer Tiefpunkt.« Aber auch andere Republikaner distanzierten sich und nannten Stella Tremblays Verschwörungstheorie »hochgradig beleidigend, ungeheuerlich und irrationa«.

Pizzagate – Hillary Clinton und die Kinderpornografie

Was tut man mit einem politischen Gegner, wenn dessen Erfolgsaussichten immer besser werden? Man verleumdet ihn. So geschehen im amerikanischen Wahlkampf des Jahres 2016: Unter dem Schlagwort Pizzagate wurden über die Plattformen 4chan und Reddit Fake News verbreitet, die eine Pizzeria in Washington, D. C., in Zusammenhang mit einem Kinderpornoring brachte. Das brisante Detail: Auch die Kandidatin der Demokratischen Partei, Hillary Clinton, schien in die kriminellen Zusammenhänge verwickelt – wie sich herausstellte: eine Verleumdungsaktion.

In der Tat stand der Besitzer der Pizzeria Comet Ping Pong, James Alefantis, über E-Mail in Kontakt mit dem Wahlkampfmanager von Hillary Clinton. Dessen Mails beschafften sich Unbekannte auf illegalem Weg und brachten sie über Wiki-Leaks an die Öffentlichkeit. Nutzer der Website 4chan entdeckten in den für eine Pizzeria durchaus alltäglichen Wörtern »Pizza« und »Sauce« den Pedo-Code: »Pizza« stünde für »Mädchen«, »Sauce« für »Orgie«. Schon wenig später war die Behauptung geboren, Hillary Clinton stünde im Zentrum eines

Kinderpornorings, der im Keller der Pizzeria sein Unwesen treibe. Zu den Kriminellen wurden wie selbstverständlich Präsident Barack Obama und Lady Gaga gerechnet.

Die Verschwörungstheorie – oder besser die Verleumdung – hatte handfeste Folgen: Am 4. Dezember 2016 drang ein Mann mit einem Gewehr vom Typ AR-15, der Waffe der Massenmörder, in die Pizzeria ein, in der Absicht, die dort gefangen gehaltenen und missbrauchten Kinder zu befreien. Glücklicherweise feuerte er nur auf ein Türschloss und einen Computer, stellte dann aber fest, dass es unter dem Ladenlokal überhaupt keinen Keller gab – geschweige denn missbrauchte Kinder. Er ließ sich daraufhin festnehmen, ohne weiteren Widerstand zu leisten. Die Wahnsinnstat brachte ihm vier Jahre Gefängnis ein.

ALIENS – SIE SIND ÜBERALL

Die Aliens sind längst gelandet. Nicht erst seit *Men in Black* wird vermutet, dass die Aliens geschickt verborgen überall auf unserem Planeten Fuß gefasst haben. Aber wer außer den wirklich Eingeweihten kann sie sehen? Man vermutet schon, dass die Erde bereits in der Hand Außerirdischer ist. Sie indoktrinieren Staatsoberhäupter und steuern so das Schicksal der Menschheit wie zum Beispiel die Reptiloiden im Weißen Haus. Und wie sonst könnte *Tagesschau*-Sprecherin Caren Miosga, ein schlecht geschminkter Alien aus dem Volk der Bürstenbrauen vom Planeten Zonga, an ihren Job gekommen sein? Und ist Ihnen einmal aufgefallen, auf welche Buchstaben der Kontinent AustrALIEN endet? Und ItALIEN. RepressALIEN. Und vor allem AnomALIEN? Doch damit nicht genug: Hin und wieder kommt es zu Unfällen im intergalaktischen Flugverkehr, die wache Verschwörungstheoretiker aufhorchen lassen.

Roswell und die Area 51

Über diesen einen Vorfall in Roswell/New Mexico im Sommer 1947 ist viel geschrieben und spekuliert worden. Deshalb soll dieses Ereignis hier nur der Vollständigkeit halber kurz benannt werden – schließlich sollen die Leser sich ja nicht langweilen. Die einfachen Fakten: In der Nähe des Ortes Roswell soll ein Ufo abgestürzt sein, Farmer fanden die Trümmer. Zuerst vermutete man, es sei ein Ballon aus dem geheimen Luftwaffenprojekt »Mogul« gewesen, aber die US-Luftwaffe setzte so stark auf strikte Geheimhaltung, rasant wachsende Spekulationen über außerirdische Lebensformen aus dem Wüstenboden schossen. Die Krone der wilden Hypothesen: Der oder die bei Roswell abgestürzten Aliens wurden heimlich zu einem militärischen Versuchsgelände gebracht, der Area 51 in Nevada. Dort sollen bis heute Aliens wohnen, die den US-Militärs seit den 1970er Jahren Nachhilfeunterricht in Technologie geben. Im Gegenzug duldet die amerikanische Regierung, dass US-Bürger von den Aliens zu Untersuchungen ins All verschleppt werden. Andere Quellen und Verschwörungstheorien vermuten einen Außerirdischen in einem Hangar auf der amerikanischen Wright-Patterson Air Force Base in Ohio. Falls mal wieder Außerirdische bei Ihnen vorbeischauen: Fragen Sie doch mal nach, ob das stimmt.

Alien-Babys in Mexiko

Der Fund eines kleinen Lebewesens, mittlerweile eine mumifizierte Leiche, in Mexiko im Mai 2007 brachte die Gerüchteküche zum Überkochen. Ein Bauer will das rätselhafte Wesen in einer Rattenfalle entdeckt haben, gab es aber erst ein Jahr später für wissenschaftliche Untersuchungen frei. Dabei soll sich herausgestellt haben, dass das merkwürdige Wesen über erstaunliche Eigenschaften verfügt. So soll es zum Beispiel überhaupt keine DNA besitzen, und es müsste schon deshalb mit absoluter Sicherheit ein Alien sein, ein Faktum, welches die Regierung natürlich verschleiern wollte. Auch der Körperbau des Wesens spreche für eine extraterrestrische Herkunft, sein Bauplan sei mit nichts im Tierreich vergleichbar. So trug es Zähne ohne Wurzeln in seinem Mund, was auf der Erde nur bei Reptilien vorkommt. Ernsthafte Forscher wie der Münchener Professor für systematische Zoologie, Gerhard Haszprunar, zweifeln das an und vermuten, dass es sich um ein ganz gewöhnliches Säugetier, nämlich einen Affen handeln könnte, zum Beispiel von der Größe her um ein Totenkopfäffchen. Dafür spreche auch das im Vergleich zum gesamten Körper relativ große Gehirn – typisch für Primaten. Und für Außerirdische – so die Verschwörungstheoretiker.

So ganz nebenbei erwähnt: Die Finder des Aliens gingen ziemlich rabiat mit ihrem Wesen aus dem All um. Sie versuchten, das wenige Zentimeter kleine, noch lebendige Lebewesen zu ertränken, was ihnen nach eigenen Aussagen aber erst nach mehreren Versuchen und mehreren Stunden unter Wasser gelungen sei. Was sich so schwer töten lässt, kann nicht von dieser Welt sein, schlussfolgerte man. Beste Aussichten für Aliens auf der Erde …

Doch die Rache der Außerirdischen ließ nicht lange auf sich warten: Der Mann, der das Wesen ins Jenseits befördert hatte, verbrannte in seinem Auto, und zwar in einem Feuer, das die irdischen Temperaturbereiche bei Weitem überschritt. So furchtbar rächen sich Alien-Eltern. Natürlich ranken sich auch weitere, angenehm gruselige Horrorgeschichten um dieses Ereignis.

Nebenbei gibt es ein weiteres Alien-Baby in Mexikos Geschichte, gefangen in einer Mausefalle: Das Alien-Baby von Metepec geistert seit 1994 durch die Presse, obwohl Fachleute eindeutig festgestellt haben, dass es sich bei dem Fundstück um ein Totenkopfäffchen handelt, wie sie in der Region sehr häufig vorkommen. Es war bereits in Verwesung übergegangen und hatte dadurch einen Zustand erreicht, den begeisterte Alien-Verschwörer als außerirdisch deuteten. Ein DNA-Test scheiterte, weil der Verfall bereits zu weit fortgeschritten war, was wiederum entsprechend ausgelegt wurde: Ein Ergebnis der Genuntersuchung sei nur deshalb nicht an die Öffentlichkeit gekommen, weil die gefundene DNA völlig unbekannt sei.

Teslas Todesstrahlen

Nicht nur Elon Musk, Mitbegründer von Tesla Motors Inc., die das innovative Elektroauto produziert, war von dem Erfinder Nikola Tesla fasziniert. Der charismatische Mann ist von einer wahren Aura von Gerüchten und Verschwörungstheorien umgeben. Eine davon ist die vom Elektrizitätswerk auf dem Mond. Ein Foto aus dem Apollo-Programm, geschossen am 21. April 1972, zeigt merkwürdige Strukturen und Blitze auf der Mondoberfläche. Die Verschwörungstheorie: Es handelt sich um ein Elektrizitätswerk nach den Erkenntnissen des besagten Energie-Gurus Nikola Tesla, der das Projekt noch selbst in die Wege geleitet haben soll.

Öffentliche Beunruhigung verursachte zu ihrer Zeit die Theorie von Teslas Todesstrahlen, konzipiert von dem damals 78 Jahre alten Wissenschaftler, um der Welt den ewigen Frieden zu bringen. Dabei war Nikola Tesla keineswegs ein Verrückter oder Spinner, seine wissenschaftlichen Leistungen sind unbestritten und er wurde sogar als Kandidat für den Nobelpreis in Erwägung gezogen. Im Juli 1934 veröffentlichte die *New York Times* einen Artikel über Teslas »konzentrierte Teilchenstrahlen, die eine so gewaltige Energie besitzen, dass sie eine angreifende Luftflotte mit 10 000 feindlichen Flugzeugen auf eine Entfernung von 250 Meilen vom Himmel holen könnten«. Somit könnten Staaten eine Art unsichtbaren Schutzwall um sich herum errichten, den Nikola Tesla mit der Chinesischen Mauer verglich. Die Todesstrahl-Idee lag in diesen Tagen offenbar in der Luft: Im September 1934 berichtete die Zeitschrift *Modern Mechanix* über eine Strahlenkanone und ihre drastische Wirkung: »Hunde, Katzen und Hasen wurden auf der Stelle getötet und ihr Blut in Wasser verwandelt, als der Strahl auf sie gerichtet wurde.«

Doch weder Staaten noch Investoren waren an Teslas Plänen interessiert – bis auf Russland, das aber nach einer kurzen Phase der Prüfung ebenfalls von einer Realisierung absah. Als Nikola Tesla 1943 mit 86 Jahren in einem New Yorker Hotel starb, hinterließ er der Welt nichts weiter als die Idee für eine weitere tödliche Waffe.

Das Gesicht auf dem Mars

Wir wissen noch nicht lange von seiner Existenz, denn erst am 25. Juli 1976 fotografierte der Orbiter der Raumsonde Viking I bei einem Überflug aus 1873 Kilometern Höhe ein Objekt auf der nördlichen Hemisphäre des Planeten Mars in der Region Cydonia Mensae, das Fachwelt und Laien in seinen Bann ziehen sollte: das Gesicht auf dem Mars. Die Gesteinsformation, die mindestens 3 Millionen Jahre alt sein soll, hat enorme Ausmaße. Mit einer Länge von 3 Kilometern und einer Breite von 1,5 Kilometern ist das Objekt so groß, dass man es aus dem

Weltall deutlich erkennen kann. Im Süden des Marsgesichtes sind pyramidenförmige Felsformationen zu erkennen.

Das »Face on Mars« war gut für etliche Schlagzeilen in der Presse, die Marspyramiden, von NASA-Wissenschaftlern »Inca City« genannt, ergänzten das Szenario zusätzlich und befeuerten die spekulative Fantasie. Aliens mussten diese Bauwerke geschaffen haben und sofort kamen Fragen auf: Was wollen uns die Außerirdischen mit diesem riesigen Objekt in der Form eines Gesichts mitteilen? Dass sie genauso aussehen wie wir? Mit der Erklärung, es handle sich um eine zufällig gesichtsähnliche Landschaftsstruktur, gaben sich Verschwörungstheoretiker natürlich nicht zufrieden.

Auch bessere Aufnahmen, die die Marssonde Global Surveyor im Jahr 2001 lieferte, machten den Spekulationen kein Ende, auch wenn sie zeigten, dass die Felsformationen natürlichen Ursprungs waren und dass Abbildungsfehler bei den ersten Bildern die menschliche Wahrnehmung in eine falsche Richtung gelenkt hatten. Bei vielen der schwarzen Punkte auf der Abbildung handelte es sich schlicht um Bildfehler, vermutlich verursacht durch die Übertragung der Bilddaten durch den Weltraum. Ein Übriges tat die Pareidolie, die Tendenz des menschlichen Gehirns, das Wahrgenommene bekannten Formen zuzuordnen.

Das Marsgesicht, die Pyramiden und überhaupt die Region Cydonia Mensae fanden in der Folgezeit Erwähnung in Computerspielen, Serien und Spielfilmen, beflügelten die Fantasie von Buchautoren und tauchten in den Texten von Rockballaden auf. Vermutlich gibt es genug Verschwörungsgläubige, die auch heute noch von der außerirdischen oder mystischen Herkunft dieses Gesichtes ausgehen, das uns aus den Tiefen des Weltalls anblickt.

Die Bundeslade – das Werk von Außerirdischen?

Wenn man der Bibel glaubt, so bauten die Israeliten das Artefakt aus Akazienholz und Gold um 1440 v. Chr. unter Anleitung von Moses persönlich. Aber ist das wirklich wahr? Spricht die außerordentlich fortschrittliche Bauweise der Bundeslade nicht vielleicht für eine andere Herkunft? Um 1440 v. Chr. war ein solches Objekt nicht der Stand der Technik, sondern seiner Zeit weit voraus. Das vermuten zumindest Verschwörungstheoretiker. Sie sehen Jahwe, den Gott der Israeliten, nicht etwa als ein höheres Wesen – Jahwe könnte ein Außerirdischer gewesen sein. Das erklärt sich nicht nur in Verbindung mit den besonderen Qualitäten der Bundeslade, sondern vielleicht auch als Ursache für deren plötzliches Verschwinden. Denn das 1,40 Meter lange und 80 Zentimeter breite und hohe Behältnis, in dem die Kulturgüter der Zeit untergebracht waren – ein Glas mit Manna, die Steintafeln mit den Zehn Geboten und der blühende Stab Aarons – verschwand plötzlich aus den Überlieferungen und aus der Bibel. Wohin ist sie verschwunden? In den Höhlen des Berges Nebo, wohin sie nach dem zweiten Buch der Makkabäer gebracht wurde, konnte man sie nicht finden. Dass dies möglicherweise sogar so geplant war, bestätigen die Ausführungen des Propheten Jeremia: »Ihr Ort soll unbekannt bleiben, bis Gott sich über sein Volk erbarmt und es wieder zusammenführt.« Über den Verbleib der Bundeslade gibt es Verschwörungstheorien in großer Zahl – sie weiter auszuführen, würde den Rahmen dieses Buches sprengen. Unabhängig davon, ob sie das Werk Gottes oder von Außerirdischen ist: Sie wurde von den Israeliten und ihren Feinden als ein ausgesprochen mächtiger Gegenstand angesehen. Die Bundeslade bestrafte alle, die sie ohne Erlaubnis berührten, und die Priester, die für den Umgang mit ihr ausgewählt waren, trugen ein besonderes Ritualgewand – vielleicht Schutzkleidung, die vor elektrischen Entladungen oder radioaktiver Strahlung schützen sollte?

Aliens in der Bibel!

Wie sonst soll man dieses Bibelzitat deuten? »Ich sah, wie der Sturm eine mächtige Wolke von Norden herantrieb; sie war von einem hellen Schein umgeben und Blitze zuckten aus ihr. Die Wolke brach auf und aus ihrem Inneren leuchtete ein helles Licht wie der Glanz von gleißendem Gold. In dem Licht sah ich vier Gestalten, die wie Menschen aussahen … doch hatte jede von ihnen vier Flügel.«

Weiß das der Papst? Und: Muss er es wissen?

Planet Nibiru

Nicht nur Verschwörungstheoretiker glauben an die Existenz eines geheimnisvollen weiteren Planeten in unserem Sonnensystem, »Nibiru« oder »Planet X« genannt.

- Planet X oder Nibiru könnte ein Gasriese irgendwo am dunklen Rand unseres Sonnensystems sein. Er besitzt die vierfache Masse der Erde und befindet sich auf einer verwegenen Flugbahn. Nur alle 27 Millionen Jahre kommt er in die Nähe der Erde – und doch ist er Teil unseres Planetensystems, glauben etliche Forscher. Der Nachfolger von Pluto wird auch einfach Planet X genannt und besitzt ein erhebliches zerstörerisches Potenzial. In seinem Gefolge erreichen zahllose Asteroiden die Region der Erdbahn und die Mutter aller Katastrophen geschieht immer wieder: Nahezu exakt alle 27

Millionen Jahre kommt es zu einem Massensterben der Arten durch den Einschlag eines Himmelskörpers. Professor Daniel P. Whitmire von der University of Louisiana erläutert dieses Phänomen 2016 in seiner Studie »Periodic mass extinctions and the Planet X model reconsidered« im Fachblatt *Monthly Notices of the Royal Astronomical Society.*

- Nibiru nähert sich hin und wieder der Erde und richtet unvorstellbares Chaos an. Nibiru tat sein zerstörerisches Werk schon zu Zeiten des Moses, ein Gutteil der zehn biblischen Plagen gegen den störrischen Pharao, der die Israeliten nicht ziehen lassen wollte, geht auf sein Konto. Auch bei dem vorausgesagten Weltuntergang am Ende des Maya-Kalenders am 21.12.2012 war Nibiru nach den Vorstellungen seiner Anhänger mit von der Partie.
- Eine andere Variante: Nibiru ist kein Planet, sondern ein Brauner Zwerg, umkreist von Monden. Auf einem seiner Trabanten leben die Anunnaki, humanoide Mensch-Reptil-Wesen mit erstaunlichen Fähigkeiten – sie sind zum Beispiel Formwandler. Ursprünglich kommen sie aus dem System des Aldebaran im Sternbild Stier.
- Planet Nibiru zum Dritten: Die Greys oder Zetas informieren die Menschheit über den ihnen bevorstehenden Untergang: Ein Polsprung, ausgelöst durch die Annäherung des Planeten X, wird die Erde unbewohnbar machen – behaupten eingeweihte Kreise mit kosmischen Verbindungen.

Planet Yumma

In der ziemlich gewaltigen Distanz von 14,6 Millionen Lichtjahren von der Erde entfernt existiert ein Planet namens Yumma oder Iumma, der – man höre und staune – von menschenähnlichen Lebewesen bewohnt sein soll. Wir erfahren so wenig über diese Schwester der Erde, weil Informationen von dort es nicht leicht haben, Astronomen und Massenmedien zu erreichen. Eine Wolke aus absorbierender Materie zwischen Erde und Yumma schluckt alles. Außerdem dürften selbst die neuesten Neuigkeiten ziemlich veraltet sein, wenn sie bei uns ankommen: 14,6 Millionen Jahre. Dennoch haben sich einige der dort lebenden Wesen, die übrigens »Ummo« heißen, bis zu uns durchgeschlagen und weilen mitten unter uns – ihre genauen Absichten kennen wir nicht. Oder wurde die Geschichte vom Planeten Yummo und den Ummo-Außerirdischen nur von den Geheimdiensten erdichtet – warum auch immer? Das wäre dann die Verschwörungstheorie zur Verschwörungstheorie.

Wir sind die Tiere im Alien-Zoo

Das Starmus ist eine Veranstaltung, die führende Wissenschaftler, legendäre Astronauten und herausragende Musiker und Künstler in die Lage versetzen soll, ihre Begeisterung für die Wissenschaft öffentlich zu machen – die Liste der Teilnehmer reicht von Stephen Hawking über die Anthropologin Katerina Harvati, den Kosmonauten Roman Romanenko und die Biochemikerin Elizabeth Blackburn bis zu Musikern wie Brian Eno und Peter Gabriel. Auf dem Starmus-Festival IV vertrat der Astrophysiker Neil deGrasse Tyson einige gewagte Thesen: Aliens könnten uns bereits gefunden und in einen großen Zoo gesteckt haben. Als Teil des Experimentes benannte Tyson die »bizarre Politik«– für die uns beobachtenden Aliens möglicherweise eine Form des Entertainments. »Ich fürchte den Tag, an dem wir auf eine außerirdische Spezies stoßen. Gut, möglicherweise habe ich keine Angst davor. Ich hoffe nur, dass sie lediglich einen Zoo für uns bauen würde, in dem wir fortan glücklich sein könnten. Und vielleicht nennen sie den Planeten dann Erde.«

Der Raumflughafen in den Anden

Seit Erich von Däniken weiß man: Bei den Scharrbildern von Nazca in Peru handelt es sich um die Markierungen auf dem Rollfeld eines Raumflughafens von Außerirdischen. Das Tückische an dieser Theorie: Sie könnte durchaus der Realität entsprechen. In den vergangenen Jahrzehnten und im Augenblick ist der Flugverkehr dort allerdings weitgehend eingestellt. Alien Spotting? Aussichtslos!

Von oben betrachtet: die Karte von Piri Reis

Eine Zeichnung aus dem zehnten Jahrhundert, zurzeit in Istanbul, beweist eindeutig: Schon damals hat jemand die Erde aus dem All gesehen – so behauptet man im Internet, doch leider ist dies die einzige Quelle. Keine Dokumente, keine Belege, keine Abbildungen – vielleicht meinten die Verschwörungstheoretiker in Wirklichkeit das folgende Dokument, das ebenfalls in Istanbul, nämlich im Topkapi-Palast zu finden ist: eine Karte, die Piri Reis, ein Admiral des Osmanischen Reiches, im Jahr 1513 gezeichnet hat – erst 1929 in den Archiven wiederentdeckt. Zwar hatte Kolumbus schon den Weg nach Amerika gefunden, als die Karte gezeichnet wurde, doch verwundert das darin dokumentierte geografische Wissen schon auf den ersten Blick: Sie zeigt den Atlantik, den Küstenverlauf von Nord- und Südamerika und im Süden sogar den antarktischen Kontinent. Piri Reis war ein fähiger Seemann und Navigator, der auch mathematische Kenntnisse besaß, und er gab an, dass er die Informationen von spanischen und portugiesischen Seekarten für die Erstellung seiner Karte verwendet habe. Diese Erklärung genügt aber modernen Zweiflern nicht: Ohne die Hilfe Außerirdischer – so die Verschwörungstheorie – hätte diese Karte nicht entstehen können. Piri Reis muss eine Vorlage gehabt haben, die eine sehr hohe Perspektive zur Grundlage hatte – wie sonst käme die Antarktis in die Karte? Der Kontinent um den Südpol wurde erst 1820 entdeckt. Zudem zeigt die Karte des osmanischen Admirals die antarktische Küstenlinie ohne Eis – so sah sie zuletzt 4000 v. Chr. aus – die Quelle von Piri Reis muss nicht nur eine besondere Perspektive, sondern auch ein hohes Alter gehabt haben.

FAST FOOD

Was über das gewöhnliche Maß hinauswächst, wird schnell zur Zielscheibe von Verschwörungstheorien. Nicht nur Softwarekonzerne, auch Fast-Food-Ketten werden so – auch ohne überprüfbare Fakten im Hintergrund – zum Thema von lustigen bis wahnsinnigen Erzählungen.

Geheimmenüs bei McDonald's Großbritannien

Die Verschwörungstheorie soll es schon lange geben, bestätigte eine schottische Managerin des Konzerns auf der Seite der *International Business Times*: Es existiert eine geheime Speisekarte mit besonderen Gerichten bei der Fast-Food-Kette, die nur bekommt, wer spezielle Codewörter kennt, die sinnigerweise die Namen der Superprodukte sind. Wer so informiert ist, kann den »Monster Mac« mit acht Fleischpads und extraviel Käse bestellen, aber auch einen »Land, Sea and Air Burger«, eine Hybridkonstruktion aus Big Mac, Fish Mac und Chicken Burger. In Deutschland funktioniert das übrigens nicht – wer so etwas bestellt, wird aber sicher zur Unterhaltung des Personals beitragen.

Happy Meal: Heroin statt Spielzeug

Man könnte es für eine Verschwörungstheorie halten, aber leider war es Wirklichkeit: Wer im Drive-in einer McDonald's-Filiale in Pittsburgh den Code »I'd like to order a toy« sagte, wurde zum ersten Fenster weitergeleitet und erhielt dort für umgerechnet 60,01 € eine Happy-Meal-Box mit Heroin. Das sprach sich herum – auch bis zur örtlichen Polizei, die den Code ausprobiert hatte und damit einschlägige Beweise besaß.

McDonald's Burger werden aus Regenwürmern gemacht

Jetzt, wo Sie es wissen: Schmeckt man das nicht? Zu Beginn der 1980er Jahre hat McDonald's schwer unter diesem Gerücht gelitten, das Ganze führte zu Umsatzeinbußen von bis zu 30 %. Allerdings konnte der Fast-Food-Konzern das Märchen von der Hackfleisch-Regenwürmer-Mischung zwischen den Sesambrötchen auf typisch kapitalistische Weise widerlegen – mit dem einleuchtenden Argument, dass ein Würmerextrakt ungefähr viermal so teuer wie Hackfleisch sei. Wo bliebe denn da der Profit? Dennoch tauchen seither immer wieder Spekulationen über Würmer in Hamburgern auf – offenbar ist die Idee einfach zu naheliegend. Nicht immer sind es Regenwürmer, besonders dann nicht, wenn man dem Konzern Hygienemängel unterstellen will. So wurde in den sozialen Netzwerken berichtet, dass im Dezember 2015 fünf Menschen in Chicago durch das Füllmaterial in den Patties Wurminfekte erlitten – was sich als Internet-Hoax entpuppte. Allerdings: Mitte 2016 sollen weiße Würmer in einer Filet-O-Fish-Verpackung gefunden worden sein, wie auch in Filialen in den USA, dokumentiert in einem Handy-Video mit erschreckend lebendiger Besiedlung eines Burgers. In Kentucky wurde über Wurmbefall bei Burgern in zwei Filialen berichtet – offenbar Hygieneprobleme und nicht etwa geplanter Fleischersatz in der Produktion. Ob das allerdings als beruhigend angesehen werden kann? Vielleicht sollte man seine Burger vor Verzehr einmal ziemlich genau betrachten.

Fast-Food-Kette verkauft in großem Stil Eis aus der Arktis!

Nicht die Klimaerwärmung, sondern die Eiswürfel in Ihrer Cola entziehen den niedlichen Eisbären-Babys den kühlen Boden unter den Füßen! Eine Verschwörungstheorie mit Potenzial, könnte man meinen, aber bisher noch ohne Follower.

KFC macht Schwarze impotent

Schwarze sind ja immer so überpotent, wie der weiße Mann weiß. Daher soll die Kentucky-Fried-Chicken-Firmenkette, die nach der Verschwörungstheorie vom Ku-Klux-Klan geleitet wird, die geniale Idee gehabt haben, ihre Hühner noch im lebenden Zustand mit einer Droge zu behandeln, die sich negativ auf die Potenz auswirkt – allerdings nur auf die von schwarzen Männern.

So furchtbar viele Hähnchenflügel

Ein Huhn hat zwei Beine und zwei Flügel – mehr hat der Vogel nicht zu bieten. Chicken Wings werden allerdings in riesiger Anzahl verkauft – so viele Hühner kann es doch gar nicht geben, wundert sich der Verschwörer. Der kritische Mensch weiß, dass es offenbar doch Hühner in gewaltiger Anzahl gibt, dass der Hühnerfleischabfall in die Dritte Welt verkauft wird, dort die Tierzüchter ruiniert und wir in der Ersten Welt nur das essen, was uns in den Kram passt. Der Verschwörungstheoretiker hingegen vermutet, dass mittlerweile durch Genmanipulation Vögel existieren, die nicht zwei, sondern vier oder sechs Flügel haben und vermutlich ebenso viele Schenkel. Natürlich wollen die Anbieter nicht, dass irgendjemand diese Monstren zu Gesicht bekommt, und deshalb werden sie unterirdisch, womöglich sogar in der hohlen Erde, gehalten. Oder auch diese Verschwörungstheorie ist wie viele andere ein reines Hirngespinst.

BIG BROTHER UND DAS INTERNET

»When shall we three meet again, in thunder, lightning, or in rain?« Die Hexen in Shakespeares Drama *Macbeth* sind die Verschwörerinnen ihrer Zeit und zwischen ihnen brodelt der Hexenkessel. Auch moderne Verschwörer versammeln sich um ein solches Gefäß, aber in ihrem Fall ist es eine digitale und virtuelle Version, aus der immer neue Verschwörungen herausquellen – der Hexenkessel Internet.

Die Schweinegrippeverschwörung

Mit dem Impfen ist das in diesem Fall und überhaupt immer so eine Sache. Einfach nur weil sie eine bestimmte Krankheit nicht bekommen möchten, lassen sich der moderne Mensch und die moderne Menschin nicht mit einem Serum immunisieren. Mit der Impfung gegen was auch immer wird den armen Opfern ein Spionagechip oder »Todeschip« injiziert. Jetzt kann man alle Geimpften bei Bedarf einfach ausschalten – so wurde es erstmals im Zusammenhang mit der Schweinegrippeimpfung publik. Später hat man nichts mehr davon gehört – vermutlich, weil alle Kritiker geimpft und ausgeschaltet wurden.

Die CIA hat Aids erfunden

Und zwar um unliebsame Randgruppen auszulöschen: Das tödliche Virus aus US-amerikanischen Waffenlaboren wurde erschaffen, um die Zahl Homosexueller und schwarzer Amerikaner zu senken. Außerdem sollte das Virus als Waffe gegen die Bevölkerungsexplosion in der Dritten Welt dienen. Quelle dieser Verschwörungstheorie: die Stasi im Auftrag des russischen KGB.

Zahlreiche Theorien ranken sich um das HI-Virus: So soll HIV gezielt in CIA-Labors entwickelt worden sein, um in den USA ethnische Gruppen wie Afroamerikaner oder Minderheiten wie Homosexuelle auszurotten. Ob diese Verschwörungstheorie auf eigenen Füßen steht, ist schwer zu ermitteln, denn eine große Verschwörung könnte sie initiiert haben: Die »Operation Infektion«, Codename für eine Desinformationskampagne des KGB, versuchte ab 1985, die amerikanische Biowaffenforschung als Quelle der Aids-Erkrankungen darzustellen. Unterstützt wurde sie unter anderem von Forschern der damaligen DDR. Die Desinformation war recht erfolgreich: Eine 1997 durchgeführte Umfrage hatte immerhin noch zum Ergebnis, dass die Aussage »Aids ist absichtlich in einem Labor geschaffen worden, um schwarze Menschen zu infizieren« immerhin von 29 % der Afroamerikaner als wahr oder möglicherweise wahr angesehen wurde.

Facebook verkauft heimlich private Daten

Eine weitere Verschwörungstheorie im Internet: Facebook verkauft die Daten der eigenen Mitglieder quasi an jedermann. Zu Werbezwecken an Firmen, aber auch an Geheimdienste, möglicherweise an Kriminelle – wer zahlt, bekommt, was er will. Eine der gewagtesten Behauptungen oder Spekulationen, denn wie viele Anwälte würden sich in den USA auf Facebook stürzen, wenn es auch nur die geringsten Anhaltspunkte für diese Geschäftspraxis gäbe?

Das Deep Web

Während deutsche Journalisten mit großer Begeisterung vom Web 2.0 faseln, gibt es ein Internet, über das zu berichten sich wirklich lohnen würde: das Deep Web. Keine seiner Seiten kann von Suchmaschinen gefunden werden, nur ein enger Zirkel der eingeweihten Freaks und Nerds hat Zugang. Unter dem Schutz einer totalen Anonymität und ausgestattet mit den effektivsten digitalen Werkzeugen streben Hacker heimlich nach der Weltherrschaft. So jedenfalls lautet die Verschwörungstheorie.

Das Biest von Brüssel

Es muss ein Computer gewaltigen Ausmaßes sein, das »Biest von Brüssel«, glauben die Verschwörungstheoretiker. Deren Vorstellungen besagen, dass in der gigantischen, drei Stockwerke hohen Computeranlage die vollständigen Daten aller EU-Bürger oder sogar aller Bewohner dieses Planeten gespeichert werden sollen. Datentechnisch wäre ein solches Gerät heute deutlich kleiner. Aber »la bête de Bruxelles« kann nicht nur Daten speichern, sondern auch digitale Befehle senden und zum Beispiel künstliche Herzstillstände erzeugen – auf diese Weise bekommt man die zu hohe Zahl an Senioren und das dadurch ausufernde Rentensystem in den Griff.

Quelle der Schnapsidee vom digitalen Biest ist der Roman *Behold a Pale Horse* von Milton William Cooper aus dem Jahr 1991. Darin manipuliert ein ähnlicher Supercomputer die Menschheit über für das menschliche Auge unsichtbare Strichcodes, die jeder auf der Stirn trägt.

WAREN UND GEFAHREN

Lebensmittelskandale, die aufgedeckt und behoben werden, aber auch Produkte, die erst durch kritische Prüfung wirklich sicher gemacht werden, gehören zum Alltag unserer luxuriösen Existenz. Alles kein Problem, alles wird geregelt. Aber irgendetwas ganz tief in unserem Unbewussten quält uns. Eine Ahnung von verborgenen Gefahren und finsteren Verschwörungen, gegen die wir entschlossen ankämpfen müssen!

H-Milch – das schleichende Ultragift

Einmal abgesehen davon, dass Milch ohnehin kein Getränk für Erwachsene ist – das meinen zumindest die Vollmilchverschwörer: Wussten Sie eigentlich schon, dass H-Milch den Darm perforiert, zu Bluthochdruck und Herzinfarkten führt und somit dazu beiträgt, die Menschheit zu dezimieren? Das funktioniert so: Bei der Herstellung von H-Milch werden die in der natürlichen Frischmilch vorhandenen, etwa 3 Mikrometer messenden Fettkügelchen durch mechanische Gewalt zerschlagen – die Milch wird unter hohem Druck gegen eine Metallplatte geschleudert. Heraus kommen nun viel kleinere Kügelchen als in der natürlichen Milch, die nur etwa einen Mikrometer Durchmesser haben. Diese können – im Gegensatz zu den ursprünglichen Partikeln – die Darmwand passieren, bringen dadurch die Körperchemie völlig durcheinander, weil sie einen Stoff dorthin transportieren, wohin er nicht gehört: Xanthinoxidase. Dieses komplizierte Molekül zerstört einen Schutzstoff in den Arterien und frisst ultrafeine Löcher hinein. Weil Arterien nun einmal nicht durchlöchert sein dürfen, verschließt der Körper diese Beschädigungen mit Fett und Kalkverbindungen – die Arterienverkalkung beginnt. Die innen ehemals spiegelglatten Arterien bekommen eine unregelmäßige Oberfläche, der Durchmesser der Adern wird geringer, der Blutdruck steigt, es bilden sich sogar Blutgerinnsel – die besten Aussichten für Thrombose, Herzinfarkt und Schlaganfall. Die Deutsche Umwelthilfe errechnet Zehntausende Tote durch Dieselabgase – warum kämpft sie nicht für ein H-Milch-Verbot?

Billigbier vom Discounter enthält ...

Yakpisse? Uwe aus dem Braukessel (Uwe = unten wird's eklig)? Vermutlich nicht. Aber immer wieder mal unterstellt jemand, dass die kleinen Plastikflaschen mit dem Einfachbier in Wirklichkeit irgendwo im Ausland, schlimmstenfalls China, gebraut wurden und mit Industriegiften verseucht sein könnten. Reinheitsgebot ade. Ob Grünfelder, Schloss Export, Baron Lobkovicz, Burgkrone Pils oder Turmbläsers Landbier – sehr exotisch sind die Quellen meist nicht. Die meisten sprudeln in Deutschland, die eine oder andere Sorte kommt aus Belgien oder Tschechien – beide Länder bekannt für die Qualität ihrer Biere. Und es gibt tatsächlich eine Verschwörung: die der überzeugten Billigbiertrinker. Die streiten ab, dass es so etwas wie einen Pennerhopfengeschmack überhaupt gibt, und trinken mit Begeisterung ihre preiswerten Sorten, die ihnen erheblich besser schmecken als die teure Premiumplörre.

HAARP dient nur einem Zweck ...?

Die Forschungsanlage HAARP (High Frequency Active Auroral Research Program) in Alaska untersuchte mit ihren 180 Radioantennen in der Vergangenheit die Ionosphäre mithilfe von Radiowellen und führte Experimente zur Funkwellenausbreitung durch, die aber 2014 weitgehend abgeschlossen waren. Ab 2015 wurden die Antennen der Anlage von der Universität Fairbanks an interessierte Forscher und Forschungseinrichtungen vermietet. Verschwörungstheoretiker glaubten schon immer, dass die Anlage vor allem zur Gedankenkontrolle von Menschen gebaut wurde und sich nur scheinbar mit der Erforschung elektromagnetischer Wellen befasste. In Wirklichkeit arbeiten boshafte Wissenschaftler im Auftrag des Teufels (sprich: USA) daran, Vulkanausbrüche und Erdbeben auszulösen, wenn sie nicht gerade dabei sind, Ozeanriesen zu versenken und Passagierflugzeuge zum Absturz zu bringen. Ein Beispiel: Die USA sollen 1974 den Hurrikan Fifi mithilfe von HAARP nach Mittelamerika umgeleitet haben, wo er in Honduras, Belize und Guatemala über 8000 Opfer forderte. Der deutsche Chefverschwörer Dr. Heinz Gerhard Vogelsang sah HAARP auch als Ursache für den Tsunami 2004, das Zugunglück von Eschede 1998 und für zahllose Wetterkatastrophen wie Dürren und Überschwemmungen.

Chemtrails – sie manipulieren und dezimieren uns

Geheimnisvolle Mächte nutzen Flugzeuge, um uns mit sogenannten Chemtrails fertigzumachen. Es gibt keine Kondensstreifen – das ist pure Chemie! Die einen sagen, dass sie radioaktives Thorium auf uns herabregnen lassen, die anderen vermuten Beruhigungsmittel oder Psychopharmaka übelster Sorte im Kerosin der Flugzeuge. Die Kondensstreifen am Himmel stammen also überhaupt nicht von Abgasen der Triebwerke. In Internetforen wie paranews.net, allmystery.de oder esoterikforum.de erfährt man die Wahrheit: Die weißen Streifen im blauen Himmel sind die Folge geheimer Projekte – wahlweise der US-Regierung oder von Konzernen wie Microsoft oder Monsanto. Neben den bereits genannten Effekten geht es auch darum, das Weltklima zu manipulieren oder gleich die komplette Menschheit impotent zu machen. Ausführliche kritische Stellungnahmen der Weltgesundheitsorganisation (WHO) zum Thema Chemtrails bestätigen die Verschwörer nur in ihren Ansichten: Da versuchen sich die Verursacher herauszureden.

Übrigens: Vielen Verschwörern genügt die Attacke aus den Wolken nicht. Sie behaupten, dass tödliche Viren von Satelliten über den Planeten Erde verstreut werden, um die Menschheit zu dezimieren – warum auch immer.

Die Überbevölkerung hinterrücks beseitigen

Das Programm zur Dezimierung der Menschheit – haben Sie es noch nicht bemerkt? Wir werden mit vergifteten Geldscheinen und Euromünzen in unserer Gesundheit beeinträchtigt, nur zu dem einen Zweck, unser Leben zu verkürzen und die Weltbevölkerung zu dezimieren. Dabei schrecken die Mächte des Bösen (hier ganz nach Wunsch Ihren Lieblingsfeind einsetzen) vor nichts zurück. Eine der perfidesten Methoden: vergiftetes Toilettenpapier. Zu den ersten Opfern zählte FBI-Direktor J. Edgar Hoover, der – so die offizielle Version – 1972 mit 77 Jahren an einem Herzanfall verstarb. Verschwörungssensible Menschen an der George-Washington-Universität zweifeln das an. Sie behaupten, er sei im wahrsten Sinne des Wortes hinterrücks ermordet worden, und fordern eine Exhumierung des Leichnams. Sie vermuten, dass Hoovers Mörder sein Toilettenpapier mit dem äußerst giftigen Insektizid Parathion präpariert hätten, das, von hinten appliziert, wie ein Nervengas wirkt, das Opfer lähmt und zu einem Herzstillstand führt. Besonders perfide: Die Ersthelfer am Ort des Geschehens wollten besonders diskret sein und spülten das Beweismaterial runter.

Megaritual: Der abgesagte Großanschlag

2011 versetzten Teile der Esoterikszene die Stadt Berlin in Paranoia: Man versuchte, die Polizei zu alarmieren, denn am 26. Juni stünde eine riesige Katastrophe bevor. Ihre Informationsquelle: Im Hollywoodfilm *Unknown Identity* wie auch im Leonard-Cohen-Song »First we take Manhattan«, dessen Refrain »First we take Manhattan, then we take Berlin« tönt, entdeckten sie versteckte Botschaften, die ein »Megaritual« ankündigten: Eine atomare Explosion mitten in der Stadt! Im Zentrum der Verschwörungstheorie stand der Anthroposoph und Waldorflehrer Herwig Duschek aus Nordrhein-Westfalen, der an die von Rudolf Steiner vorausgesagte Gralsmacht glaubt, sich aber auch mit Antimusik, dem Bermudadreieck, esoterischen Ufos, den sogenannten Flug-

und Gralsscheiben, auskennt und Vorträge über die Illuminaten, Kornkreise, Wettermanipulation zu halten pflegt – ein echter Experte für alles also. Unterstützt wurde er von zwei Rechtsanwälten, die den damaligen Berliner Innensenator mit einer Klage wegen Untätigkeit attackierten. Der große Knall blieb aus. Allerdings stürzte am 26. Juni in Russland ein Flugzeug ab – 44 Menschen kamen ums Leben. Man deutete das als Umleitung bösartiger Kräfte: Code 44.

Kriegsgründe? Do it yourself!

Immer wieder behaupten Verschwörungstheoretiker, dass der Große Satan (also die Vereinigten Staaten von Amerika) die Gründe für ein militärisches Eingreifen in einen Konflikt oder für einen neuen Konflikt selbst herstellt. So sollen die USA das damals größte Passagierschiff der Welt, die *RMS Lusitania* der britischen Cunard Line, gezielt in die Schusslinie deutscher U-Boote dirigiert haben, um damit einen Grund für die Teilnahme am Ersten Weltkrieg zu erhalten. Aus ähnlichen Beweggründen seien der Angriff der Japaner auf Pearl Harbor und der Terroranschlag vom 11. September 2001 von den USA aus geplant und logistisch unterstützt worden. Man hätte auch Fotos fiktiver Massenvernichtungswaffen wie im Falle des irakischen Diktators Saddam Hussein wählen können, aber ein paar Tausend Tote machen sich als Kriegsgrund in den Medien immer besser.

Sie manipulieren das Wetter!

Der Klimawandel kommt aus den USA: Russische Forscher behaupten, die US-Regierung könne Temperaturen in Russland und ganz Zentralasien mithilfe von Laserstrahlen verändern, die von einer Raumsonde aus gezielt auf die Erde gerichtet werden können. Amerikanische Wissenschaftler werfen vermutlich Ähnliches den Russen oder Chinesen vor. Laserstrahlen sind übrigens bei Verschwörungstheoretikern, analog zu Handystrahlen, das ideale Medium für rätselhafte Manipulationen aller Art, schon aus dem einfachen Grund, weil sie nicht die geringste Ahnung haben, welche tatsächlichen Wirkungen von ihnen ausgehen.

Sand, die tödliche Gefahr?

Wieder Herr Dr. Vogelsang: Siliziumdioxidpartikeln gegenüber ist er äußerst skeptisch, besonders wenn diese künstlich hergestellt sind. Sie sollen teuflische biologische Eigenschaften haben, passieren ungehindert die Darmwände, können alle Körperstrukturen erreichen und dort genetischen Schaden anrichten. Die Folge: missgebildete Kinder und schwere Krankheiten einschließlich Krebs. Haha, der Vogelsang, lachen ihn jetzt seine Kritiker aus, Siliziumoxid, das ist doch Sand, und der ist doch völlig ungefährlich! Zeit, einem Verschwörungstheoretiker recht zu geben – nicht der Stoff an sich stellt die Gefahr dar, sondern die Form, in der er vom Körper aufgenommen wird: als Nanopartikel. Und in diesem Zusammenhang wird die Schar der Kritiker in der ernsthaften Wissenschaft immer größer – eigentlich weiß man noch nicht sehr viel darüber, was Nanopartikel im Körper anrichten. Meist nichts Gutes jedenfalls.

Alligatoren in der Kanalisation

Alles begann in den 1930er Jahren in New York: Ein Kind war seines Spielzeugs überdrüssig und so entsorgten es seine Eltern. Das Spielzeug, nicht das Kind. Bei diesem Spielzeug handelte es sich allerdings um ein lebendes Tier, das der Vater seinem Sprössling von einem Floridaurlaub mitgebracht hatte: Es war ein kleiner Alligator. Wie entsorgt man einen Alligator? Man spült ihn die Toilette runter. Schlimm genug für das arme Tier, aber so könnte es gewesen sein. Überleben könnte ein solches Reptil in der Kanalisation einer Metropole nicht. Nicht nur der Mangel an Sonnenschein (und der dadurch verursachte Mangel an Vitamin D) würde kleine Alligatoren krank machen – die winterlichen Temperaturen und der Mangel an geeigneter Nahrung würden die Tiere schon nach kurzer Zeit töten.

Derartige Fakten hinderten Verschwörungstheoretiker nicht daran, wilde Theorien über eine Alligatorenpopulation unter der Megastadt auszubrüten. Unterstützt von Medien und Presse, die immer wieder über Übergriffe und Beißattacken auf Haustiere und New Yorker Bürger berichteten, schufen sie eine Chimäre der Angst. Argumenten von Reptilienexperten wurden eigene Erkenntnisse entgegengesetzt: Alligatoren und Kaimane – auch die wurden immer wieder ausgesetzt – würden sich von Ratten und toten Haustieren ernähren. Die Tatsache, dass diese Reptilien Aas verschmähen, störte sie dabei ebenso wenig wie die Tatsache, dass nie irgendjemand in New York einen dieser Großstadtalligatoren gesehen hat. Nein, halt, 2010 berichtete die Presse über ein Alligatorenbaby, vermutlich frisch ausgesetzt.

Mehr Cholesterin für alle!

Es ist immer wieder dasselbe: Studien gaukeln uns Zusammenhänge und Tatsachen vor, die sich nachher als völlig falsch erweisen oder mit Absicht falsche Informationen transportieren.

Nein, im Spinat ist nicht besonders viel Eisen, ein dummer Lebensmittelchemiker hat sich geirrt. Nein, Milch ist nur gelegentlich krebserregend, in der nächsten Studie wieder nicht, und bei Studien zur Gefährlichkeit von Stickoxiden verrechnen sich gleich hundert Lungenärzte. Wen wundert es, dass auch im Falle des Cholesterins Verschwörungstheoretiker an Falschaussagen mit böser Absicht glauben und erklären, eine grundlegende Studie aus dem Jahr 1953 sei schlichtweg falsch. Sie behaupten, der ganze Quatsch mit der bewussten und cholesterinarmen Ernährung sei eine Erfindung interessierter Ärzte, umsatzhungriger Pharmafirmen und natürlich auch der Margarineindustrie, die uns glauben machen wollen, Cholesterin sei schädlich, quasi so etwas wie ein Supergift. Genau das Gegenteil ist der Fall, wir Menschen brauchen Cholesterin in großen Dosen, und wenn unsere Nahrung zu wenig davon enthält, sterben wir wie die Fliegen.

Matratzen-Outlets sind Geldwaschanlagen

Ist es Ihnen auch schon aufgefallen? In kaum einem Ladengeschäft in diesem Land finden sich so wenige Kunden wie in den Filialen der Matratzen-Outlets, sodass die Frage naheliegt: Wovon leben die eigentlich? Vom Matratzenhandel vermutlich nicht, denn so gigantisch können die Gewinnspannen auch bei Schaumstoff nicht sein, dass man mit den verkauften Einzelstücken die heute üblichen Ladenmieten erwirtschaften kann. Das Geld, das dafür verwendet wird, kommt aus einer ganz anderen Quelle – nämlich aus dem Drogenhandel. Wir haben es mit der Matratzen-Mafia zu tun. Dafür spricht auch das Desinteresse der Bedienung, wenn man sich einmal in so einen Laden verirrt. Die Damen und Herren machen nicht den Eindruck, als ob sie etwas verkaufen wollen, sind seltsam uninformiert, nennen astronomische, eigentlich nur abschreckende Preise – *zack*, schon ist die Verschwörungstheorie geboren.

Die Bundesregierung rationiert das Klopapier!

Auf der Suche nach der Ursache für die Hamsterkäufe von Klopapier stößt man zwangsläufig auf eine Verschwörungstheorie: Irgendwann, wenn es ganz schlimm kommt, werden die Regierenden zum schlimmsten aller Mittel greifen: den Menschen ihr Klopapier vorenthalten. Das muss offenbar ein weit verbreiteter Glaube sein, denn warum sonst kaufen die Kunden in den Supermärkten die Regale leer? Immer dann, wenn die Zahl der Infizierten in einer Pandemie steigt, greifen die Kanzlerin und ihre Minister und Ministerinnen zu dieser drastischen Rationierungsmaßnahme, weil sie enorm zur Rettung der Welt beitragen kann. Ja, Klopapier sparen rettet den Planeten! Da aber niemand einen schmutzigen Hintern haben möchte, wird diese weitsichtige Rettungsmaßnahme nicht angenommen und durch den Kauf von gigantischen Mengen Klopapier boykottiert. Das ist Toilettenpapierterror!

RÄTSELHAFTE MÄCHTE

Sie alle wollen nichts Gutes – Geheimbünde und im Verborgenen agierende Gruppierungen, die schon immer im Hintergrund die Fäden ziehen, Macht und Einfluss vergrößern wollen und selbstverständlich nach der Weltherrschaft streben. Freimaurer, Illuminaten, Russen, Reptiloide oder Space-Nazis – so gefährlich sie auch sein könnten, sie üben aber vor allem von alters her eine große Faszination auf uns gewöhnliche Menschen aus. So absurd die jeweiligen Erzählungen auch sein mögen – in der *Mitte-Studie* der Friedrich-Ebert-Stiftung aus dem Jahr 2019 waren 46 % der Befragten davon überzeugt, dass geheime Organisationen politische Ereignisse beeinflussen.

Die Illuminati

Die von dem Philosophen und Kirchenrechtler Adam Weishaupt ins Leben gerufene Geheimgesellschaft der Illuminaten wurde 1776 gegründet – und bereits zehn Jahre nach ihrer Gründung verboten und aufgelöst. Zu der aufklärerisch motivierten Organisation gehörten so große Denker wie Johann

Wolfgang von Goethe, Johann Gottfried Herder und Adolph Freiherr von Knigge. Andere bedeutende Köpfe der Zeit blieben dem Geheimbund aber bewusst fern. Verschwörungstheoretiker nehmen allerdings an, dass die Illuminaten ihre Aktivitäten im Geheimen fortführten und sich weiter in getarnten Organisationen trafen. Illuminaten – so die These – haben den Ersten Weltkrieg verursacht und auch den Zweiten vorbereitet, und sie haben einen perfiden Plan, um die Weltherrschaft zu übernehmen. Ihr Auftraggeber sitzt sehr, sehr weit unten.

Die Sache mit dem Auge auf dem Geldschein

Der Schriftsteller Dan Brown sagt in seinem Buch *Illuminati*, der rätselhafte Geheimbund der Illuminaten hätte sich im Siegel der USA und auf der Dollarnote eingeschlichen – mit einem schwebenden, alles sehenden Auge über einer Pyramide. Ein Geheimbund, der seine Symbole überall streut, dürfte allerdings nicht mehr lange geheim sein. Und außerdem ist das Zeichen der Illuminaten die Eule der Minerva, die für Weisheit steht.

Die Bielefeld-Verschwörung

Kaum zu glauben: Bielefeld gibt es gar nicht. Die Stadt soll nichts anderes als eine Inszenierung, eine künstlich aufgebaute Szenerie von *ihnen* sein. Wer *sie* sind? Die Entwickler der Verschwörungstheorie lassen alle Möglichkeiten offen: Aliens, die CIA, der Mossad, die Ordensritter oder irgendjemand anders. Bielefeld dient als Geheimversteck für alle prominenten »Toten«, man könnte dort John F. Kennedy, Elvis Presley oder auch Kurt Cobain treffen. Außerdem besitzt die Stadt geheime Verbindungen nach Atlantis, Amerika, Australien oder direkt ins Weltall. Wer Bielefeld kennt, weiß, wie wahnsinnig die Theorie ist.

Reptiloide

Das britische Königshaus – alles Reptilien! Eine Freundin von Prinzessin Diana machte es publik: Die Royals sind merkwürdige außerirdische Reptilien und überdies auch noch Formwandler. Wer die Ohren von Prinz Charles und seine Nase kennt, mag dies glauben.

Überhaupt wird die Menschheit von reptilienartigen Dinosaurier-Aliens beherrscht, die sich selbst »Anunnaki« nennen. Als Anunnaki bezeichnet man in der mesopotamischen Mythologie die Götter der Unterwelt. Ihnen werden die Igigu, die Götter des Himmels, entgegengestellt.

Für die präastronautischen Verschwörer kommen sie von einem Planeten aus dem Sternbild des Drachen. So lautet nur eine der vielen pseudowissenschaftlichen Theorien. Der Präastronautiker Zecharia Sitchin (1920–2010) nahm an, dass die humanoiden Außerirdischen vom Planeten Nibiru die Menschen als Arbeitssklaven erschaffen hätten. Nach dem besonders in den letzten Jahren äußerst erfolgreichen britischen Ex-Fußballer und Verschwörungspublizisten David Icke (*1952) entstammen sie einer uralten Rasse, der »Babylonischen Bruderschaft«, sind Formwandler und auf negative Energien spezialisierte Vampire von reptiloider Gestalt, die noch immer unerkannt auf der Erde leben, nach monoatomischem Gold suchen und eine totalitäre neue Weltordnung anstreben.

Nicht nur die Windsors, auch William Jefferson, Bill Clinton, Hillary Clinton, Barack Obama, George Bush, George W. Bush und Angela Merkel zählt David Icke zu den Reptos, wie sie von Kennern auch salopp genannt werden. Zu erkennen sind sie übrigens an ihren schlitzförmigen Schlangenpupillen, die besonders dann zu sehen sind, wenn sie unkonzentriert oder unter Stress handeln. Achten Sie mal auf die Augen von Jens Spahn!

Um die Sache noch ein wenig komplizierter zu machen: Eine andere Gruppe von Eso-Verschwörern glaubt, dass die reptilienartigen Humanoiden in der hohlen Erde hausen.

Der böse Barcode

So viel ist sicher: Strichcodes beherrschen die Menschheit. Eine geheime Weltregierung nutzt die Strichcodes, um die totale Kontrolle über die Menschheit zu bekommen. Auch Satan könnte mit im Bunde sein, denn alle Strichcodes beinhalten nach Meinung gewöhnlich gut informierter Esoterikerinnen so ganz nebenbei auch noch die Zahl des Tieres: 666 …

Es ist schon ein Fiasko, wenn man etwas nicht begreifen kann, denn von den Werkzeugen, die Menschen nicht so recht bedienen können, ist das Gehirn das gefährlichste. Plötzlich tauchen nämlich die merkwürdigsten Ideen auf.

Worin bestehen also die teuflischen Wirkungen von Strichcodes, wie man sie überall auf jedem Produkt und jeder Ware antrifft? Barcodes auf Verpackungen ziehen negative Energien an. Das zumindest meinen Esoteriker und alternative Naturheilkundler, oder wie ihre Kritiker meinen: die Vertreter der

Sockenschussfraktion. Wie man darauf kommen kann, dass diese ordentliche Reihe kleiner schwarzer Striche auf einer Verpackung negative Energien, wenn nicht gar Teuflisches wie ein Magnet anzieht, vermag niemand so genau zu sagen. Auf jeden Fall sollen die Striche wie eine Art Antenne wirken, Strahlung und Energie aus der Umgebung aufnehmen und diese an die Nahrungsmittel und Getränke weiterleiten, die in den mit Strichcode gekennzeichneten Verpackungen angeboten werden. Schlimmer noch: Wird eine Ware mit einem Barcode auf einen Laserscanner gelegt, so verstärkt sich der negative Effekt – das Böse wird gleich gar als negative Energiematrix auf den Inhalt der Verpackung übertragen.

Nein, die Striche in Strichcodes sind nicht nur einfach maschinenlesbare Zahlen, sondern enthalten geheime Informationen, die auch noch selbsttätig aktiv werden, mit ihrer Strahlung (oder wie sonst immer) Nahrungsmittel wertlos machen und Menschen in den Wahnsinn treiben – es könnte allerdings auch sein, dass sie dort schon vorher gewesen sind.

Ölwin Pichler, Leiter des naturwissen Ausbildungszentrums in Wolfratshausen, stellt fest: »Aus bioenergetischer Sicht können manche durch die Aktivierung der Barcodes entstehende Felder die Verträglichkeit eines Produktes beeinträchtigen.« Schon im Jahr 2000 hat die Zeitschrift *Raum & Zeit*, zu deren Redaktion Pichler zählt, vor diesen Gefahren gewarnt und darauf hingewiesen, dass besonders Laserscanner die bioenergetische Toxizität der Strichcodes aktivieren. Woher man das weiß? Parawissenschaftliche Methoden wie Auspendeln liefern die Beweise für diese Aussagen.

Und jetzt? Sind wir alle der bösen Energie hilflos ausgeliefert? Nein, es gibt eine ebenso einfache wie wirksame Gegenmaßnahme: Ein Querstrich durch den Barcode soll diese Wirkung aufheben. Wer wollte, konnte im Sommer 2016 bereits auf Saftflaschen der Firma Rabenhorst, aber auch auf den Produkten anderer, grün angehauchter Firmen gute, d.h. durchgestrichene Barcodes entdecken. Andere Firmen, zum Beispiel ein Mineralwasserlieferant, unterlegten den Barcode mit einem dünnen gedruckten Unendlich-Zeichen – keine Chance mehr für das Böse.

Hardcore-Esoteriker verlangten allerdings besondere Werkzeuge für die Deaktivierung, und siehe da, schon war alles, was man brauchte, im Internet erhältlich: Filzstifte, die den Barcode neutralisieren, die Firma Bio Balance, ein Onlineshop aus Neuseeland, bot einen »CodeEx Barcode Harmonizer« für nur 17 € an, der einen »energetisch informierten Chip« auf Basis radionischer Erkenntnisse enthielt und sogar wirksam gegen »krebsige Zustände« war. Leider ist das Gerät nicht mehr erhältlich – schade, es wäre ein wunderbarer Partygag.

Offen bleibt nur die Frage, was mit den armen Angestellten von Transportunternehmen, Handelsfirmen und Supermärkten geschehen soll, die jeden Tag gleich tausendfach der Wirkung von Barcodes ausgesetzt sind. Schutzkleidung wäre das Mindeste, was man erwarten könnte.

Ach übrigens, da fällt mir ein, jetzt weiß ich endlich, warum die Frau an der Kasse in meinem Supermarkt immer so unglaublich mies gelaunt ist. Barcode-Vergiftung, nehme ich an.

Die Nazis hatten eine Mondbasis

Die Zahl der Naziverschwörungen ist groß: Natürlich lebt der Führer noch. Wer zweifelt daran? Doppelt informierte Zeitgenossen – Esoterik und Nationalsozialismus – glauben sogar ernsthaft, dass die Deutschen schon im Jahr 1942 auf dem Mond gelandet sind und dort eine Basis errichtet haben.

In der Science-Fiction-Komödie *Iron Sky* sind die Nazis auf dem Mond Wirklichkeit, wenn auch eine ausgesprochen skurrile. Der finnische Regisseur Timo Vuorensola schildert in seinem Film aus dem Jahr 2012 mit Julia Dietze, Christopher Kirby und Götz Otto in den Hauptrollen die Konfrontation von Astronauten der Vereinigten Staaten von Amerika mit Nazis auf dem Mond, die dort einen Helium-3-Tagebau betreiben. Wehrmachtsoldaten töten alle amerikanischen Astronauten bis auf einen Afroamerikaner, den sie zu ihrer Basis »Schwarze Sonne« verschleppen, die seit 1945 nach dem verlorenen Zweiten Weltkrieg ihr Zufluchtsort war. Im Film entwickelt sich eine sehr verstrickte Handlung, die hier zu schildern den Rahmen sprengen würde, aber wer das riesige Raumschiff »Götterdämmerung«, Reichsflugscheiben und im Nachfolgefilm *Iron Sky: The Coming Race* Nazis sehen möchte, die auf Dinosauriern reiten, sollte diese filmischen Meisterwerke und Kultfilme unbedingt auf seine Watchlist nehmen.

Die Nazis flohen in die Antarktis

Echte Verschwörer würden allerdings nie derart kuriose Aussagen treffen. Sie blieben sachlich und vermuteten in den 1940er und 1950er Jahren, dass die Deutschen während des Zweiten Weltkriegs die Wunderwaffe der bereits erwähnten Reichsflugscheiben entwickelt und dass die Nationalsozialisten sich nach dem Krieg in eine geheime Militärbasis im antarktischen Neuschwabenland zurückgezogen hatten, um ein zweites Mal einen Versuch der Welteroberung zu starten.

Weitergehende Spekulationen platzieren den Zufluchtsort der braunen Flut auf der dunklen Seite des Mondes. Fakten, die eine tatsächliche Existenz einer derartigen Einrichtung belegen, gibt es natürlich nicht.

Hitler-Klone sind in Arbeit

Die Leiche von Adolf Hitler wurde nach dem Selbstmord des Diktators am 30. April 1945 von Berlin in die Antarktis geschafft. Dort ruht sie in einem geheimen Bunker in der Nähe des Wostoksees, ein Süßwasserbecken, das übrigens in einer Tiefe von 3700 bis 4100 Metern unter dem Eis liegt. Ein deutsches U-Boot soll ihn dorthin gebracht haben. Wissenschaftler mit der rechten Gesinnung nehmen Klonexperimente mit den sterblichen Überresten des GröFaZ vor. Er kommt also bald wieder.

Adolf Hitler lebt!

Oder ist er sogar noch da? Genau das besagt eine andere Theorie: Hitler lebt irgendwo in Südamerika (wie andere Nazigrößen auch), in Berlin beging am Ende des Zweiten Weltkriegs ein Doppelgänger Selbstmord, und es war dessen Leiche, die verbrannt wurde. Dagegen sprechen die Erkenntnisse französischer Wissenschaftler um den Rechtsmediziner Philippe Charlier, die nach Untersuchung des in Moskau aufbewahrten Gebisses von Adolf Hitler zweifelsfrei festgestellt hatten, dass er es war, der 1945 sein Leben beendete. Ein Abgleich mit 1944er Röntgenbildern von Hitlers Kopf lässt keinen Zweifel daran: Er liegt weder in der Antarktis noch in Argentinien noch auf der dunklen Seite des Mondes.

Der BND bestrahlt Menschen mit Mikrowellen

Der äußerst strahlungsempfindliche Bundesbürger vermutet hinter dem Bundesnachrichtendienst nicht etwa eine Organisation, die Spionage und Terrorismus verhindern soll, sondern vermutet auch schon mal, dass sie ein Teil der Weltverschwörung gegen alles und jeden ist. Es ist schon richtig, Mikrowellenstrahlen sind gefährlich, können, gezielt gegen Menschen eingesetzt, schwere gesundheitliche Schäden und sogar den Tod zur Folge haben. Einige manipulative Eingriffe, sodass der Mikrowellenherd aus der Küche bei offener Tür mit voller Leistung durch die Wand sendet – und wenige Tage später geht es den missliebigen Nachbarn äußerst schlecht. Funktioniert das so?

Aber warum in drei Teufels Namen sollte ausgerechnet der BND die Bürger mit Mikrowellenstrahlen attackieren? Sollen missliebige Personen liquidiert werden? Warum nutzt der KGB eigentlich keine Mikrowellen, um abtrünnige Agenten zu strafen, sondern wählt das ungeheuer teure und wahnsinnig gefährliche Polonium für diesen Zweck? Ganz so einfach scheint der Umgang mit der Mörder-Mikrowelle dann doch nicht zu sein.

Der Tsunami 2004 – Werk der Amerikaner

Naturkatastrophen in der Hand des Erzfeindes: Arabische Nachrichtenagenturen verbreiteten die Nachricht, US-amerikanische und indische Militärs hätten mithilfe des Tsunamis im Indischen Ozean in voller Absicht und aus niederträchtigen Beweggründen Hunderttausende Menschen getötet. Auslöser der Katastrophe: ein elektromagnetischer Puls, verursacht durch eine Atombombe, die unter Wasser oder in der Atmosphäre explodiert sei. Hinweise darauf finden sich allerdings nirgendwo, denn sonst wären sie ein gefundenes Fressen für die Sensationspresse.

Scientology hat Zugriff auf jeden PC

Man weiß ja, was man von dieser Sekte zu erwarten hat, aber wer hätte gedacht, dass sie uns gewöhnliche aufrechte Menschen auch noch im Bereich IT hinters Licht führen und ausbeuten will? Das Hilfsmittel dazu ist das Programm zur Festplattendefragmentierung. Die Scientologen treffen sich auf Ihrem Rechner mit allerlei sonstigen Interessenten für einen Datenklau: Geheimdienste, Kriminelle, Ihr Nachbar, Ihr Chef, der Tennislehrer Ihrer Ehefrau – alle haben sich gegen Sie verschworen, seit Sie einen Computer besitzen und seit Scientology ihn gekapert hat. Die wichtigste aller Fragen: Was in drei Teufels Namen sollten die Scientologen mit meinen Daten anfangen wollen? Diese Frage stellt sich wohl keiner.

Papst Peter macht das Licht aus

Welcher Papst ist der nächste? Der vorletzte Papst jedenfalls ist von schwarzer Hautfarbe, dann kommt einer namens Peter und unter seiner Ägide geht die Welt unter. So soll es der heilige Malachias in 112 Versen vorausgesagt haben. Die gläubige polnische Nation zitterte vor Angst vor dem Weltuntergang, als Benedikt XVI. zurücktrat. Aber noch mal Glück gehabt, es wurde ein weißer Papst und er hieß auch nicht Peter und das Weltende lässt noch eine Weile auf sich warten.

Apropos Weltuntergang:

Siri, die Stimme der Apokalypse

Was mag Apples virtuelle Sprachassistentin mit dem Weltuntergang zu tun haben? Es gibt da tatsächlich eine ein paar Jahre zurückliegende Verschwörung, die für das Ende aller Tage eine Rolle spielen könnte. Im Jahr 2014 überraschte und verunsicherte Siri etliche Apple-Nutzer, die nach den anstehenden Terminen für Sonntag, den 27. Juli fragten: »Siri, was ist am kommenden Sonntag, dem 27. Juli los?« Völlig unerwartet verkündete die Stimme aus dem iPhone: An diesem Tag werden sich die Pforten des Hades öffnen! Nicht wenige Nutzer reagierten auf die digitale Offenbarung mit Verstörung und waren sich sicher, dass irgendetwas in ihrem Mobiltelefon weitergehende Informationen zur Apokalypse besitzen könnte. Aber wie immer bei Verschwörungstheorien: Es funktionierte nicht so recht – die Pforten zur Unterwelt blieben geschlossen, Siris Ruf als finstere Prophetin war ruiniert.

Weltuntergänge

Wirklich untergegangen ist die Welt eigentlich noch nie, oder? Das hat aber unterschiedliche Katastrophenwarner, Propheten und vor allem auch Verschwörungsgläubige nicht daran gehindert, den Weltuntergang wieder und wieder vorauszusagen:

- Schon ungefähr 250 n. Chr. war sich der christliche Sektenführer Montanus ziemlich sicher, dass es bald so weit sein müsse. Er predigte Tausenden Menschen, dass das himmlische Reich in Jerusalem Wahrheit werden würde, woraufhin diese auch dorthin pilgerten. Nur um wenig später wieder nach Hause zu reisen.

- Ungefähr 250 Jahre später, um 500 n. Chr., verkündete der heilige Hippolytus dann, dass die Erde, die seiner Meinung nach 5500 v. Chr. erschaffen worden war und insgesamt 6000 Jahre alt werden würde, nun unterzugehen hätte. Anscheinend war unser Planet aber doch etwas haltbarer, denn sonst hätten um 800 n. Chr. nicht mehrere christliche Propheten verkünden können, dass das Ende nun gekommen sei. Es kam aber nicht.
- Aus der nächsten Verkündung lernt man wohl, dass hohe Persönlichkeiten auch Fehler machen können. Papst Silvester II. war sich nämlich sicher, dass am 31. Dezember 999 um Mitternacht alles zu Ende gehen würde. Seine Behauptung löste sogar eine Massenhysterie mit Plünderungen und wilden Orgien aus. Nachher hieß es dann, die Gebete des Papstes hätten den Untergang verhindert. Es geschah nämlich nichts.
- Auch dem geschriebenen Wort scheint man nicht mehr vertrauen zu können, denn das Johannesevangelium enthält eine unerfreuliche Nachricht für das tausendste Jahr nach Christus: Es behauptet, der Teufel persönlich würde sich dann von seinen Ketten befreien. Anscheinend waren sie aber doch zu stabil geschmiedet.
- Sogar die Sterne am Himmel sind unglaubwürdig, oder die, die sie gedeutet haben, haben sich gewaltig geirrt. Im Jahr 1169, als alle Planeten in einem einzigen Sternbild standen, verkündeten einige Astronomen, dass das wohl ein recht eindeutiges Zeichen für einen Weltuntergang sein müsse. War es aber nicht.
- Trotz vieler unbestätigter Voraussagen glauben die Menschen immer wieder aufs Neue an diesen oder jenen Unheilsverkünder. Vielleicht wäre die Welt im Jahr 1186

aber auch wirklich untergegangen, wie es Johannes von Toledo verkündete, hätten die Menschen nicht wie die Weltmeister gebetet und gefastet, um die angekündigten Erdbeben und Stürme aufzuhalten.

- Im Februar 1420 beschlossen die Anhänger der böhmischen Taboriten-Bewegung, dass nun Christus erscheinen und den Weltuntergang einläuten müsse. Als dies, oh Wunder, nicht geschah, lehrte man, dass Gottes Sohn im Geheimen doch gekommen sei, und man begann, alle, die etwas anderes behaupteten, niederzumetzeln. Eine beliebte Vorgehensweise von religiösen Fanatikern.
- Jeder kann sich ja mal irren, oder? Martin Luther allerdings irrte gleich dreimal. Im Jahr 1532 sah er das Ende kommen. Und dann gleich noch mal: 1538. Und auch 1541. Martin, Martin, das war nichts!
- Dann war es wieder einmal die Jahreszahl: Die 1666 klang anscheinend für die meisten Zahlenmystiker sehr angsteinflößend. Schließlich addiert sie sich aus den Zahlen für Apokalypse (1000) und für den Teufel (666). Trotzdem ging dieses Jahr vorbei, ohne dass Apokalypse oder Teufel den Leuten unnötig das Leben schwer machten.
- Der päpstliche Botschafter und Gesandte Pierre d'Ailly war sich mit der Bestimmung eines genauen Datums offenbar nicht so sicher. Zunächst sagte er das Weltende für 1692 voraus, verlängerte dann aber den Zeitraum für den Untergang bis zum Jahr 1789. Er musste nicht fürchten, für den ausgefallenen Weltuntergang zur Rechenschaft gezogen zu werden, denn er starb im Jahr 1420.
- Der Baptistenprediger William Miller sagte für den 22. Oktober 1844 das Ende von allem und die Wiederkehr des Messias voraus – er hatte Wörter und Zahlen der Bibel gedeutet. Der Messias kam nicht, man war sehr enttäuscht. Nicht so Miller – der gründete die Gemeinschaft der Adventisten und

behauptete einfach, er habe den »Beginn der Reinigung durch Christus« gemeint.

- Auch die Neuapostolische Kirche ging aus einer fehlerhaften Vorhersage hervor. Reverend Edward Irving erwartete den Weltuntergang im Jahr 1864. Aus den Anhängern seiner Theorie formte sich dann die Glaubensgemeinschaft. Die Welt blieb, wo sie war.
- 1874 begann eine seither sehr andächtig fortgeführte Tradition der Zeugen Jehovas. Denn in diesem Jahr sagte ihr Anführer das erste Mal den Untergang der Welt voraus. Viele weitere Prophezeiungen sollten folgen – auch 1914, 1925, 1975 und 2000 waren laut den jeweiligen Oberhäuptern endzeitliche Jahrgänge. Es ist doch schön, wenn man sich immer wieder auf den Weltuntergang freuen kann.
- Im Allgemeinen scheinen religiöse Gruppierungen eine Vorliebe für apokalyptische Prophezeiungen zu haben. Auch der Gründer der Mormonen, Joseph Smith, setzte ein falsches Datum für das Ende der Dinge fest. Am 14. Februar 1835 gab er der Menschheit noch 56 Jahre. Anscheinend haben wir uns aber doch als haltbarer erwiesen – auch nach 1891 drehte die Erde sich unbeirrt weiter.
- Der Halleysche Komet hätte die Menschheit sicher für verrückt erklärt, hätte er gesehen, welchen Aufruhr sein 27. Besuch der Erde auslöste. Im Mai 1910 begannen Menschen, sich in Kirchen zu versammeln und um Vergebung zu beten, einige begingen sogar Selbstmord. Andere wiederum stürzten sich ins Vergnügen und verprassten ihr Vermögen. Schließlich dachten sie ja, es wäre das letzte Mal. Einige Weltuntergangsexperten hatten den fliegenden Brocken aus Fels und Eis als sicheren Unheilbringer benannt. Der Komet flog unbeeindruckt vorbei.
- Was die Pyramiden mit dem Weltuntergang zu tun haben, wissen wir nicht. Aber in David Davidsons Buch *The Great*

Pyramid, Its Divine Message (zu Deutsch etwa: Die große Pyramide und ihre göttliche Botschaft*)* sagte er den Weltuntergang für das Jahr 1953 voraus. Pustekuchen.

- Tatsächlich scheinen die Wahrsagungen trotz ihres Scheiterns nicht weniger zu werden. Ganz im Gegenteil, je weiter wir in der Zeit fortschreiten, desto mehr davon gibt es. In den 1960er Jahren warteten zum Beispiel die Anhänger der Sekte des Bruder Emman in der Nähe von Europas höchstem Berg, dem Mont Blanc, auf das Ende – der Prophet erhielt auf übersinnliche Weise eine Botschaft von seiner verstorbenen Schwester: Die Menschheit werde als Folge einer Atombombenexplosion noch vor Beginn der Olympischen Spiele 1960 vernichtet.
- Auch der Sektenführer Charles Manson wartete 1969 auf endzeitähnliche Ereignisse. Er hatte verschlüsselte Botschaften dazu in dem Song »Helter Skelter« der Beatles entdeckt, die er für die vier Apokalyptischen Reiter hielt.
- Jim Jones, der Messias der Volkstempler, prophezeite 1978, das Ende der Welt würde quasi vor der Tür stehen und deshalb sei es an der Zeit, sich umzubringen. 923 Mitglieder seiner Gruppe nahmen sich daraufhin im Dschungel von Guyana in Jonestown das Leben. Sie erfuhren leider nicht mehr, dass auch ein Messias sich irren kann.
- Am 30. Juni 1981 sollte den Anhängern von Prediger Bill Maupin ein ganz besonderes Erlebnis bevorstehen: eine Himmelfahrt. Sie alle sollten wie Heliumballons emporsteigen. Als sie wider Erwarten dann aber ausnahmslos ziemlich fest auf dem Erdboden stehen blieben, verschob der Evangelist den Weltuntergang um 40 Tage. Das dürfte aber auch nicht viel gebracht haben.
- Man soll nicht alles glauben, was im Fernsehen gesagt wird! Hätten sich die Zuschauer des christlichen Fernsehkanals Trinity Broadcasting Network daran gehalten, hätten sie am

10./11. September 1988 nicht angsterfüllt auf den Weltuntergang gewartet, während der Sender Instruktionsvideos für das Verhalten bei plötzlichen Himmelfahrten zeigte.

- Auch Gedrucktes ist nicht immer wahr, wie wir wissen: Der Autor Salem Kirban berechnete nämlich auf Grundlage von Aussagen des Erzbischofs Ussher aus dem 16. Jahrhundert, dass die Welt 6000 Jahre nach ihrer Erschaffung enden müsse. Ihr Untergang würde seinen Berechnungen nach 1996 bevorstehen. Nachdem sich schon der ein oder andere Papst mit seinen Voraussagen für das Ende von allem geirrt hat, ist es keine Überraschung, wenn auch einmal ein Erzbischof danebenliegt.
- Die Internationale Hellsehervereinigung hat sich wenigstens ein bisschen ausführlicher Gedanken gemacht, wie genau unsere Welt denn untergehen würde. Im Jahr 1998 sollten ihren Überlegungen nach die Meere kleiner und die Wüsten größer werden und Hungersnöte und schreckliche Unwetter die Menschen dahinraffen.
- Jahrtausendwenden scheinen den Menschen wohl schon immer ganz besonders viel Angst gemacht zu haben. So waren sich viele religiöse Vereinigungen und Sekten, aber auch Prominente der Vergangenheit und Gegenwart ziemlich sicher, dass es mit der Menschheit beim Übergang zum Jahr 2000 vorbei sein würde. Menschen mit funktionierendem, klarem Verstand haben schon vor dem 31.12.1999 milde über sie gelächelt und tun es jetzt noch.
- Und zu guter Letzt waren da noch all die Menschen, die glaubten, dass 2012 die Welt untergehen würde, und zwar am 21. Dezember 2012, denn mit diesem Tag endete der Kalender der Maya. Wäre dieses Buch dann erschienen?
- Standen 2012 nicht alle Planeten in einer Reihe, wie an einer Perlenschnur aufgereiht? Logisch, bei einer solchen Konstellation muss die Welt untergehen – machte sie aber nicht.

- Nach Visionen der Seherin Sakina Blue Star hingegen fand 2012 bereits der vierte Weltuntergang statt und mit ihm eine große, allumfassende Reinigung. Dann können wir ja jetzt blitzsauber auf den fünften warten.
- Michael Drosnin, der Autor des Buches *Der Bibelcode*, war der festen Überzeugung, aus den Büchern Mose der Bibel Furchtbares gelesen zu haben: Ein großer Komet sollte 2012 die Erde zerstören. Wenn Sie das hier jetzt lesen, muss auch er sich wohl vertan haben.
- Einer der letzten drohenden Weltuntergänge: Der Teilchenbeschleuniger Large Hadron Collider, kurz LHC, ist ein ringförmiger Teilchenbeschleuniger gewaltigen Ausmaßes mit einem Umfang von 27 Kilometern. Er befindet sich in etwa 100 Metern Tiefe im Grenzgebiet zwischen der Schweiz und Frankreich in der Nähe von Genf, und in seinem Innern prallen Protonen oder Bleimoleküle mit unvorstellbarer Energie aufeinander. Es herrschen Verhältnisse wie beim Urknall – und deshalb vermuteten Verschwörungstheoretiker vor Inbetriebnahme der Forschungseinrichtung im Jahr 2008, der LHC könnte auch schwarze Löcher erzeugen – zwar nur solche von minimaler Größe, aber man kennt ja schwarze Löcher. Die saugen alles ein, zuerst etwas Gestein, dann die Stadt Genf, dann Frankreich und die Schweiz usw. Man vermutete allen Ernstes einen möglichen Weltuntergang, eine Gruppe um den Biochemiker Otto Rössler reichte sogar Klage beim Europäischen Gerichtshof für Menschenrechte gegen die Inbetriebnahme des LHC ein. Nicht nur Mini Black Holes zählte man zu den Verdächtigen, sondern auch seltsame Materie aus dem Teilchenbeschleuniger. Offenbar fiel auch dieser Weltuntergang aus.

Geheimnisvolle Asteroiden bedrohen die Erde

NEAs werden erdnahe Asteroiden genannt, wobei die Abkürzung für Near-Earth Asteroids steht. Sie ziehen ihre Bahnen nicht wie die meisten Asteroiden im relativ weit entfernten Asteroidengürtel zwischen Mars und Jupiter um die Sonne, sondern im Bereich der inneren Planeten. Und diejenigen NEAs, die es besonders wild treiben, werden PHAs, nämlich Potentially Hazardous Asteroids genannt. Etwa 20 % der NEAs zählen zu den PHAs, weil sie auf ihrem Kurs der Erdbahn näher als 0,05 AE kommen und daher mittel- bis langfristig durch Bahnstörungen auf Kollisionskurs geraten könnten. Welche das sind, listet das automatische Überwachungssystem Sentry im *Sentry Risk Table.*

Die Bedrohung ist da, aber natürlich sagt uns Durchschnittsmenschen mal wieder niemand etwas Genaues. Wer würde noch Lebensversicherungen abschließen oder langfristig an der Börse investieren, wenn wir wirklich alles wüssten? Also fragen sich die Verschwörungstheoretiker: Wird uns im Jahr 2036 der Asteroid Apophis zu den Sternen schicken? Oder stürzt er in die Sonne? Und was ist mit den 16 weiteren Asteroiden, die nach Erkenntnissen der NASA die Erde bedrohen? Kennt schon jemand das Datum der Apokalypse? Was lauert noch an geballtem Verderben in Form von kleinen Planeten da draußen im All? Kommt diese Woche noch ein neuer dazu?

Damit jetzt nicht eine neue Verschwörung aus der Taufe gehoben wird, hier die zurzeit wohl gültigen Daten der letzten Fast-Katastrophen und der nächsten anstehenden potenziellen Desaster:

- Der nur etwa 6 Meter kleine Asteroid 2004 FU_{162} (Typ Aten) näherte sich der Erde am 31. März 2004 bis auf 6500 km.

- Der mit ein bis zwei Metern Durchmesser winzige Asteroid 2011 CQ_1 kam der Erde am 4. Februar 2011 bis auf knapp 5500 Kilometer nahe. Näher hat es noch keiner geschafft, es sei denn, es kam zum Einschlag.
- Der Asteroid 2008 TC_3 war der erste, für den ein Einschlag auf der Erde korrekt vorausgesagt wurde. Er wurde erst spät schon innerhalb der Mondbahn entdeckt, jedoch verglühte das nur 4 Meter große Objekt am 6. Oktober 2008 fast vollständig in der Atmosphäre über Afrika.
- Asteroid 2019 OK (Typ Apollo), ein Felsbrocken von immerhin gut 90 Metern Durchmesser, wurde am 25. Juli 2019 entdeckt, nur einen Tag bevor er an der Erde in weniger als 72 000 Kilometern Entfernung vorbeischrammte. Seine Geschwindigkeit von etwa 25 km/s verlieh ihm eine Energie, die einen Einschlag zur Katastrophe hätte machen können.
- Für den Asteroiden (29075) 1950 DA (Typ Apollo) wurde erstmals ein positiver Wert auf der Palermo-Skala für Einschlagsrisiken errechnet – es könnte am 16. März 2880 geschehen.
- Der Asteroid (99942) Apophis (Typ Aten) passiert die Erde am 13. April 2029 in weniger als 30 000 Kilometern Entfernung.

Die Ufos von Taiwan

Es sollte – gebaut in den späten 1970er Jahren – ein Touristikzentrum in äußerst moderner Architektur werden, mit futuristischen Häusern und fliegenden Untertassen. Das Ganze wirkt heute an der Nordküste Taiwans wie eine Geisterstadt der Außerirdischen: 60 bunte Ufo-Häuser stehen ganz in der Nähe der Hauptstadt Taipei in unmittelbarer Nähe zum Meeresufer und sind dem Verfall preisgegeben. Scheibenlose Fenster, mit

Graffiti dekorierte Außenwände, immer wieder finden sich vermoderte Reste der Inneneinrichtung. Über Swimmingpools und Spielgeräte für Kinder gewinnt die Natur langsam die Oberhand. Seit 40 Jahren konnten in dem ländlichen Urlaubsort Sanjhih Menschen Urlaub machen – aber niemand kam. Warum das so ist, befeuert die Fantasie von Verschwörungstheoretikern und produziert Weblegenden.

Zum einen ist der skurrile Ort eine Bauruine – den Bauherren ging das Geld aus, die Banken beschlagnahmten die Rohbauten. 1989 unternahm man einen neuen Anlauf – der ebenfalls scheiterte. Nun sollten die Häuser abgerissen werden.

Doch es geschahen merkwürdige Dinge, die viele Fantasien beflügelten. Auf der Straße vor der Anlage sind etliche Menschen verunglückt, auf der Baustelle hat es tödliche Unfälle gegeben. Immer dann, wenn eines der Häuser abgerissen werden sollte, seien Bauarbeiter gestorben – so lange, bis man das Abrissvorhaben aufgab. Beflügelt von diesen Berichten, die möglicherweise auf Tatsachen beruhen, entstand eine Horrorfilmversion: Bei den Bauarbeiten habe man große Mengen von Leichenteilen gefunden, die Ufo-Häuser stünden quasi auf einem Massengrab oder Friedhof, und nun spuken die Seelen der Verstorbenen durch die menschenleere Geisterstadt, die zwar nicht bewohnt ist, aber mittlerweile zur größten Touristenattraktion der 27 000-Seelen-Gemeinde Sanjhih geworden ist. So können Verschwörungstheorien den Fremdenverkehr fördern.

Die Mörderkinder von Sibirien

Außersinnliche Wahrnehmung regt Fantasien an und ist eine hervorragende Grundlage für Verschwörungstheorien. Eine davon: Auf einem geheimen Stützpunkt in Sibirien bilden die Russen einschlägig begabte Kinder in außersinnlicher Wahrnehmung aus. Fertig abgerichtet werden diese Kinder zu furchtbaren Waffen: Sie sollen auf Geheiß der Machthaber jeden Menschen auf dem Planeten Erde allein mit der Kraft ihrer Gedanken töten können. Das erklärt, warum in manchen Mordfällen in Deutschland kein Täter zu ermitteln ist. Putin hat seine Finger im Spiel. Stellt sich nur die Frage: Warum wurde Ex-Spion Alexander Litwinenko umständlich mit Polonium 210 ins Jenseits befördert?

Das Bermudadreieck

Sind es wilde Stürme und tückische Strömungen, die für das Verschwinden zahlreicher Flugzeuge und Schiffe im Bermudadreieck verantwortlich sind? Nein, meinen Verschwörungstheoretiker, entweder sind es Außerirdische, die hier ihre exotischen Greiforgane im Spiel haben, oder aber Kräfte aus dem Umfeld des untergegangenen Kontinents Atlantis. Die Fakten: Im letzten Jahrhundert verschwanden in einer Region vor der Ostküste der USA, genannt Bermudadreieck, immer wieder Schiffe und Flugzeuge – angeblich ohne Spuren zu hinterlassen. So kehrten am 5. Dezember 1945 auch fünf Torpedoflugzeuge vom amerikanischen Marinestützpunkt Fort Lauderdale in Florida, unterwegs auf einer Trainingsrunde über dem Ozean, nicht zum Flughafen zurück. Schlimmer noch: Auch ein Suchflugzeug verschwand spurlos. Welche geheimen Gefahren lauerten dort draußen im Bermudadreieck? Die Piloten der Flugzeuge verloren völlig die Orientierung, und in ihren letzten Funksprüchen behaupteten sie sogar, der Ozean sähe nicht so aus, wie er aussehen sollte.

Nicht nur dieser Vorfall kann nicht aufgeklärt werden. 50 Schiffe und 20 Flugzeuge sind mittlerweile verschwunden und der »Friedhof des Atlantiks« oder »die Todesfalle« zwischen Miami, Puerto Rico und der Spitze der Bermudainseln wird zum Ausgangspunkt für viele Verschwörungstheorien. Sind es Riesenkraken? Hellgrüne Nebelwolken mit Zauberkraft? Schließlich bleiben im Bermudadreieck Uhren stehen, jeder Kompass spielt verrückt und die Motoren der Flugzeuge schalten sich von selbst ab. Gibt es Verbindungen in den Kosmos? Entführungen durch Außerirdische? Werden die Opfer durch Wurmlöcher ins Weltall geschleudert oder in neue Dimensionen gerissen?

Rationaler denkende Menschen – Meteorologen und Ozeanografen – glaubten eher an natürliche Ursachen, an das Zusammenwirken von Unwettern, technischem und menschlichem Versagen. Die Region ist wegen ihrer schnell aufziehenden Stürme und Gewitter gefürchtet. Eine sehr wahrscheinliche Erklärung – durchaus keine Verschwörungstheorie: Große Vorkommen von Methangas im Meeresboden werden durch Erdrutsche oder Seebeben freigesetzt, es steigen wie in einer geschüttelten, frisch geöffneten Flasche Mineralwasser zahllose Gasblasen auf. Dadurch verliert das Meerwasser seine Tragfähigkeit, die Menge des Wasser-Gas-Gemisches, die ein Schiff verdrängt, hat nicht ausreichend Masse, um dem Schiff noch tragenden Auftrieb zu geben – sogar große Frachter und Kreuzfahrtschiffe sind in Gefahr, auf den Meeresboden zu sinken und wie ein Stein nach unten zu fallen. Flugzeuge verlieren durch extreme Luftlöcher ihren Auftrieb und stürzen in wenigen Sekunden Hunderte Meter tief – das überfordert fast jeden Piloten. Hier wie überall: Derartige rationale Überlegungen überzeugen die Verschwörungstheoretiker nicht – sie bleiben lieber bei ihrer exotischen und abenteuerlichen Version.

Der Mann, von dem viele Menschen träumen

Es gibt da eine männliche Person – sein Bild findet sich im Internet, es ist ein alltägliches Gesicht – die durch Träume geistert, durch vieler Menschen Träume. Mehr als 2000 Träumer wollen ihm schon im Schlaf begegnet sein, und sie beanspruchen für sich das Recht, ernst genommen zu werden. Ist so etwas möglich? Erklärungsversuche gibt es in großer Zahl und inhaltlicher Bandbreite: Es könnte sich um eine klassische Massensuggestion handeln, so ein rationaler Deutungsversuch – oder aber um IHN, der uns im Traum Ratschläge für unser Leben geben will. Ist Ihnen vielleicht auch schon Gott im Traum begegnet? Offenbar spielt er, je nach dem Bedürfnis des Träumers/der Träumerin, unterschiedliche Rollen: Freund, Liebhaber oder Vaterfigur. Auch in speziellen Rollen wie als Weihnachtsmann ist er schon erträumt worden. Er besitzt sogar schon eine eigene Internetseite:

http://thisman.org

HEXEN UND DER TEUFEL SELBST

Natürlich spielt in der Welt der Verschwörungen das Reich der Finsternis eine wichtige Rolle, denn der Verschwörungstheoretiker unterstellt quasi automatisch der Gegenseite nicht nur verbrecherische Absichten, sondern zumeist gleich eine Verschwörung mit den Kräften des Bösen – die Welt wird kontrastreicher und zugleich einfacher, wenn Luzifer oder Beelzebub ihr einen Kick mit dem Pferdefuß verpassen.

Bill Gates ist der Teufel

Die Numerologen wissen es genau: Verborgen in den Buchstaben seines Namens steckt Satan persönlich. Rechnet man die Buchstaben seines Namens in ASCII-Werte um, so erhält man folgende Zahlenwerte:

B 66 + I 73 + L 76 + L 76 + G 71 + A 65 + T 84 + E 69 + S 83 + 3 = 666

Die 666 ist die Zahl des Teufels. Die Tatsache, dass Numerologen eigentlich den vollständigen Namen für ihre »wissenschaftlichen« Analysen zu verwenden pflegen – also William Gates III – scheint keine Rolle zu spielen.

Die satanische New-World-Order-Verschwörung

Die beiden ersten Weltkriege waren nur Schritte auf dem Weg, der dritte Weltkrieg wird das ganz große Ding, Armaggedon usw. Schuld daran sind natürlich die Illuminaten oder möglicherweise auch eine jüdische Weltverschwörung: Der Begriff »Neue Weltordnung« (NWO) war einmal seriös: Bis in die Mitte des 20. Jahrhunderts bezeichnete er die Tendenzen einer neuen gesellschaftlichen Entwicklung, beinhaltete den Wunsch, aus den beiden Weltkriegen Lehren für den Weltfrieden zu ziehen, er war die Reflexion über das sich verändernde Verhältnis der Großmächte zueinander, er war der Name für eine verbesserte internationale Kooperation und beinhaltete alle Entwicklungen in Politik, Medien und Wissenschaft, die eine bessere Welt zum Ziele hatten. Im Jahr 1991 erfuhr die Neue Weltordnung aber eine radikale Umdeutung: Der Fernsehprediger Pat Robinson, Gründer der evangelikalen Christian Coalition of America, lieferte seine Interpretation des Themas, ein Buch mit dem Titel *The New World Order*. Aus einem Begriff, der fortschrittliche und friedensfördernde Tendenzen der gesellschaftlichen Entwicklung beinhaltete, wurde ein übler Mix aus Fakten und Vermutungen, Unterstellungen und Vorurteilen – eben eine Verschwörungstheorie. Des fundamentalistischen Predigers Weltsicht zusammengefasst: Es gibt eine geheime internationale Doppelverschwörung. Auf der einen Seite das Großkapital, das politische Gegner bis hin zum Präsidenten aus dem Wege räumen lässt, auf der anderen die Freimaurer, Illuminaten, andere Geheimgesellschaften und Gruppierungen aus der New-Age-Szene, die den christlichen

Glauben abschaffen wollen – mit dem Ziel, eine Weltregierung unter der Führung Luzifers zu errichten. Mit mehreren 100 000 verkauften Exemplaren wurde das Buch in den USA ein Bestseller und pflanzte den Verschwörungsmythos in zahllose Köpfe ein.

Durch die Geschehnisse in der Corona-Krise erfährt diese Verschwörungstheorie eine Wiederbelebung; zu den üblichen Verdächtigen (Juden, Illuminaten, Freimaurer usw.) kommen Seuchenexperten und Impfkonzerne. Die Rolle Luzifers übernimmt in dieser Erzählung, wie bereits an anderer Stelle gesagt, Microsoft-Gründer Bill Gates. Ein erster konkreter Termin für die Machtübernahme – der 15. Mai 2020 – verstrich allerdings ohne entscheidende Geschehnisse.

Die Protokolle der Weisen von Zion

Verfasst haben soll sie ein Weltbund der Freimaurer und Weisen von Zion, und darin geschrieben steht, dass die Juden die Weltherrschaft anstreben. Der weit verbreitete Irrglaube an eine jüdische Weltverschwörung beruht auf einer dreisten Urkundenfälschung. Der Urheber der bekanntesten Fassung konnte nicht ermittelt werden, für die Verbreitung engagierte sich der religiöse Schriftsteller Sergej Nilus, der die Protokolle 1905 als Anhang zu einem seiner Bücher herausbrachte. Obwohl schnell entlarvt, befeuert das Machwerk den Judenhass bis heute. Einmal in der Welt, folgten überarbeitete Fassungen und Übersetzungen. Der Text hat die Form einer Rede eines Rabbiners, der die Vertreter des internationalen Judentums, die sich zu einer jüdischen Weltverschwörung versammelt haben, über den besten Weg informiert, um die Herrschaft über die ganze Menschheit zu erlangen. Die Weltwirtschaft, das Finanzsystem, die Medien und das Kulturleben sollen unter jüdische Kontrolle gebracht werden. Das Geistesleben soll durch den Parlamentarismus zu Streit und Zwietracht stimuliert werden, übersteigerter Materialismus, Rationalismus und religiöser Streit, verursacht auch durch Atheismus, sollen Aufstände, Revolutionen und Kriege verursachen.

Obwohl das Dokument als Fälschung entlarvt ist, schürt es weltweit antijüdische Ressentiments.

Vorsicht, Hexen! Und passen Sie auf Ihren Penis auf!

Anfangs war es im 15. Jahrhundert nur ein Aberglaube des Volkes: Die Ursache von Naturkatastrophen und Krankheiten sei Zauberei und die dazu nötigen Schadenzauber beherrschten nur Hexen, also Frauen, die im Bund mit dem Teufel waren. Nur allzu gern griffen die Theologen seinerzeit diese Verschwörungstheorie auf und machten sie sich zu eigen: Die Vorstellung von einer geheimen Hexensekte kam ihnen gerade recht, um die Macht der Kirche auszubauen. In jahrhundertelangen Verfolgungen bekämpften sie Satan und maximierten ihre Macht.

Es gab viele Gründe, Frauen als Hexen zu verfolgen. Der Dominikanerbruder Heinrich Kramer hatte einen sehr hervorragenden: Ihn plagte die Idee, Hexen könnten Männern nach der Potenz oder gar nach dem Genital trachten. In Buch II seines *Hexenhammers* drehen sich fünf von 18 Kapiteln um Liebeszauber, den Diebstahl von Samen oder gar den Raub der Manneskraft im übertragenen Sinne oder gleich des ganzen männlichen Glieds. Außerdem treiben Hexen Geschlechtsverkehr mit Dämonen.

Die Freimaurer sind des Teufels!

Der Bund der Freimaurer erschien vielen Menschen von Anfang an verdächtig, und zwar aus einem einfachen Grund: Wer Geheimnisse hat, hat auch etwas zu verbergen. Diesen grundlegenden Verdacht gegen die Freimaurer nutzte einer der ihren gegen den Bund aus: Léo Taxil (1854–1907) rächte sich nach seinem Ausschluss mit einer Verleumdung: Es gebe bei den Freimaurern geheime satanische Riten. Er veröffentlichte, unterstützt durch die römisch-katholische Kirche, einige Schriften über den Geheimbund. Schon in seinem ersten Buch *Les frères Trois-Points* (1885) schilderte er frei erfundene luziferianische Orgien und schwarze Messen. 1891 folgte ein weiteres Machwerk, *Les Sœurs Maçonnes*, in dem er Satanslogen, die Teufelsgestalt Baphomet und eine Großmeisterin und Urgroßmutter des Antichrist thematisierte. Entlarvt wurden seine Machenschaften 1896 von der katholischen *Kölnischen Volkszeitung*. Noch heute gibt es Verschwörungstheoriewege, die seine kruden Thesen über die Freimaurer weiterverbreiten.

Seltsame Zeichen

War die Eröffnungsfeier der Olympischen Spiele 2012 in London in Wirklichkeit ein mysteriöses satanisches Ritual? Es begann schon mit dem vieleckigen Logo der Veranstaltung, für das die Londoner Agentur Wolff Olins etwa 400 000 Pfund Sterling Honorar erhielt. Kritiker zerrissen es ästhetisch wegen seiner unharmonischen Typografie in der Luft oder sahen darin ein verborgenes Hakenkreuz oder die Comicfigur Lisa Simpson bei einem Blowjob. Der Generalsekretär des Nationalen Olympischen Komitees des Iran vermutete in der stilisiert dargestellten Jahreszahl 2012 das Wort »Zion«, also wieder einmal die jüdische Weltverschwörung, und kündigte an, die Spiele zu boykottieren. Nicht genug damit: Verschwörungstheoretiker David Icke (der mit den Reptilienmenschen), auf einschlägigen Seiten zu diesem Thema zitiert als »ein bekannter Schriftsteller«, verkündete über die Eröffnungsfeier: »Es war ein Ritual wie bei einer satanischen Messe.« Vermutlich gehört es zu dem teuflischen Plan, dass man nach 2012 nichts mehr über satanische Verschwörungen im Zusammenhang mit Olympia in London gehört hat.

WAS SIE UNS VORENTHALTEN

Gewisse Eliten verfügen über ein beachtliches Geheimwissen – da ist sich jeder Verschwörungstheoretiker sicher. Es liegt auf der Hand, dass sie uns gewöhnliche Menschen uninformiert lassen wollen, damit sie uns weiter für dumm verkaufen können. Hier nur eine kleine Auflistung von Themenkreisen, über die sie uns nicht alles sagen.

Kalte Fusion in der Küche

Die Kernfusion findet in der Sonne statt, und zwar bei unglaublich hohen Temperaturen und ebensolchen Druckverhältnissen. Seit Mitte der 1980er Jahre kam allerdings die Kalte Fusion in Mode, die Kernverschmelzung von Wasserstoffkernen zu Helium bei Zimmertemperatur. Die University of Utah und die Technische Universität Dresden (damals noch DDR) verkündeten Forschungserfolge in dieser Richtung und behaupteten, sie hätten elektrische Energie über eine negative Palladium- und eine positive Platinelektrode in ein elektrolytisches Bad aus schwerem Wasser eingeleitet und dann mit einem hochempfindlichen Neutronenspektrometer Messergebnisse gewinnen können, die auf eine Deuterium/Deuterium-Kernverschmelzung hindeuten – bei Zimmertemperatur! Derartige Ergebnisse haben natürlich die Energieversorgung der Welt revolutioniert – oder genauer gesagt: hätten natürlich die Energieversorgung unseres Planeten auf eine völlig neue Basis gestellt, wenn die Sache funktioniert hätte. Hat sie aber nicht. Ob und warum es nicht funktionieren kann, ist aber hier nicht die Frage, die vielmehr lautet: Wo steckt denn nun die Verschwörungstheorie? In diesem Fall sind sich die Verschwörungstheoretiker sicher, dass die Sache funktioniert hat – superbillige Energie für alle! Und deshalb haben die Energiekonzerne die Wissenschaftler entweder a) klammheimlich verschwinden lassen oder b) mit einer hohen Millionensumme bestochen und in einem Palast irgendwo in der Karibik untergebracht. Sonnenklar! Wie auch schon damals, als an der Universität Bochum genmanipulierte Algen Sonnenlicht nicht in Sauerstoff, sondern in Wasserstoff umwandeln konnten. Zwei, drei Artikel irgendwo in der Presse – dann nichts mehr. Vielleicht sind das Algen-Team und die Kalten Fusionierer jetzt Nachbarn auf Paradise Island.

Die kalte Sonne

Fritz Vahrenholt und Sebastian Lüning versuchten in ihrem Buch *Die kalte Sonne: Warum die Klimakatastrophe nicht stattfindet* noch relativ wissenschaftlich zu belegen, dass nicht der Mensch Verursacher steigender oder fallender Temperaturen auf der Erde ist, sondern die Temperaturverhältnisse auf der Sonne und gewisse Zyklen der Ozeane – keine Verschwörungstheorie, sondern der ernsthafte Versuch eines Diskussionsbeitrages. Überhaupt infrage stellte die Rolle unseres Fixsterns der bereits in anderen Projekten (Reichsflugscheiben, Hohlerde) engagierte »promovierte Naturwissenschaftler« und Verschwörungspapst Dr. Axel Stoll: Fusion auf der Sonne, unvorstellbar hohe Temperaturen? Alles Unsinn, behauptete er. 5500 °C an der Oberfläche? Millionenwerte im Innern der Sonne? Wie kann dann das Weltall um die Sonne herum so eiskalt sein? Da wird uns wieder was vorgegaukelt, und was kümmern uns die Gesetze der Thermodynamik?

Es gibt Glühbirnen, die nicht kaputtgehen

Die Glühbirnenindustrie tut sicher alles, um ihre Markteinführung zu verhindern. Verschwörungstheorie? Die reine Wirklichkeit! Bereits 1925 bildet sich das sogenannte Phoebuskartell, eine Vereinigung, deren jährliches Ziel es war, Patente und technische Informationen auszutauschen und den Weltmarkt für Glühlampen unter den Beteiligten aufzuteilen. OSRAM (D), International (USA), Philips (NL), La Compagnie des Lampes (F), Tungsram (H) und einige andere unterzeichneten den »Entwicklungs- und Fortschrittsvertrag auf dem Gebiet der internationalen Glühlampen-Industrie«. Vor allem aber leistete Phoebus eines: Man verabredete sich, die Brenndauer einer Glühbirne auf 1000 Stunden zu begrenzen, und gründete sogar ein Komitee, das die Einhaltung dieser Regelung bis 1941 überwachte. Angeblich gibt es heute aber keine derartigen Absprachen mehr, eine Nachfolgeorganisation von Phoebus soll sich 1989 aufgelöst haben.

Gibt es Autos, die mit Wasser fahren?

Selbstverständlich, aber natürlich haben die Ölkonzerne alle Patente aufgekauft und in der Schublade verschwinden lassen.

Oder die Presse versucht, die Erfinder als Irre darzustellen. Überhaupt beflügeln Überlegungen zur Mobilität viele Verschwörungstheoretiker. So sollen Universitätslehrer plötzlich zu Millionären geworden sein, weil sie ein Patent zur Herstellung von Wasserstoff mithilfe von Algen an einen Ölkonzern verkauft haben.

Daniel Dingel: Autofahren mit Wasser!

Was für eine bestechende Idee: Ein Auto, das mit purem Wasser fährt! Nein, kein Fahrzeug mit Wasserstoffantrieb, sondern eines mit gewöhnlichem Trinkwasser aus dem Wasserhahn im Tank. Genau das versprach der philippinische Wasserautoerfinder Daniel Dingel seinen Investoren – und publizierte seine Ideen sogar über *AUTO BILD*. In insgesamt vier Artikeln bis zum Jahr 2006 pries er seine Erfindung an und wohl niemals zuvor hat ein Artikel in dieser Zeitschrift so hohe Wellen unter den Lesern geschlagen. Dingel ging das Thema dabei im großen Stil an: Schon 1969 will der Bastler und technische Autodidakt, der sich mit einem bescheidenen provisorischen Labor im Hausflur zufriedengab, alle Gesetze der Thermodynamik ad absurdum geführt haben. Später führte er seinen gläubigen Lesern einen 1996er Toyota Corolla 1.6 GLI vor, von dem er behauptete, dass er ihn mit Wasserstoff antreibe, den er mithilfe einer ganz normalen Autobatterie an Bord des Fahrzeugs herstelle. Als auch andere Hersteller diese Art von Antrieb zumindest versuchsweise auf die Straße schickten, konnte Dingel mit seinem Corolla die Presse nicht mehr ausreichend beeindrucken – ein Wasserstoffauto zog journalistisch keinen Hering vom Teller. Also aktivierte Daniel Dingel wie Namensvetter Düsentrieb seine kreativen Helferlein und begann von einer »elektromagnetischen Umwandlung von Wasser in einen extrem energiereichen Wundersprit« zu fantasieren, und stellte im Laufe der Zeit noch etliche andere technische Theorien auf. Verbrauch: 0,5 bis 1,0 Liter Leitungswasser pro 100 Kilometer. Mit seiner Erfindung wollte Dingel der reichste Mann der Welt werden und als eine Art moderner Robin Hood alles mit seinen armen Landsleuten teilen. Kaum zu glauben, aber es gab Investoren, die ihm glaubten, und Fachleute, die sich bemühten, ihn als Scharlatan zu entlarven, was ihnen aber nicht gelang, was wiederum seinen Ruf als genialer Erfinder in ungeahnte Höhen trieb. Allerdings verweigerte Dingel jeden ernsthaften Test und stellte sich auch gegen eine Patentierung seiner Erfindung. Fakt ist auch, dass er 2009 wegen Betrugs in mehreren Fällen vor Gericht stand. Er starb 2010 in Manila und nahm alle seine Geheimnisse mit ins Grab – ein schwarzer Tag für die Autofahrer.

Das 1,67-Liter-Auto

Irgendwer hat bereits ein Auto mit einem ganz gewöhnlichen Vergasermotor entwickelt, das mit nur 4 Litern Kraftstoff auf 240 Kilometer auskommt – das entspricht 1,67 Liter pro 100 Kilometer. Natürlich haben die Autokonzerne das Patent längst aufgekauft, um es in einer ihrer vielen Schubladen verschwinden lassen.

DCA – das Wundermittel gegen Krebs

Entweder gibt es bereits ein Mittel gegen Krebs, das die Krankheit innerhalb weniger Tage besiegen kann, oder man ist nahe dran. Leider forschen die Konzerne daran nicht weiter. DCA – Dichloracetat – könnte ein solches Mittel sein. Aber weil es nicht patentierbar und somit wirtschaftlich uninteressant ist, rührt auf industrieller Seite niemand einen Finger dafür. Statt den kranken Menschen zu helfen, verkauft die Pharmaindustrie lieber teure und nahezu unwirksame Präparate überteuert an ahnungslose Kunden.

Ormus – das weiße Gold

Die Verschwörung: Alle Erkenntnisse über ein rätselhaftes Goldmineral aus Arizona werden strikt geheim gehalten. Das weiße Gold soll sogar geschädigte menschliche DNA heilen können. Mehr noch: Die Wundersubstanzen harmonisieren die beiden Gehirnhälften, fördern die Intelligenz und Geistesgegenwart, beseitigen Stress, heilen Legasthenie, Autismus, ADS und ADHS. Meditieren? Überflüssig! Ein Schweizer Institut hat ermittelt, dass sein Ormus-Produkt die Erfolge von drei Monaten Meditation in nur drei Sekunden erreichen kann. Die eierlegende Wollmilchsau also.

Ganz so geheim scheint die Angelegenheit nicht zu sein, denn rund um die Wundermineralien aus Arizona hat sich eine ganze Industrie von Heil- und Nahrungsergänzungsmitteln entwickelt. Verkauft als »monoatomisches Gold«, lässt es vor allem die Geldbeutel der Hersteller gesunden.

Freie Energie

Die Antriebskraft des Perpetuum mobile könnte uns allen zur Verfügung stehen, wenn die Energiekonzerne das nicht verhindern würden. Die einen nennen die kostenlose Energie von irgendwoher Skalarwellen, Teslastrahlen, Orgon-Energie, Raumenergie, Tachyonenstrahlung, Nullpunktenergie, Vakuumenergie oder Vakuumfeldenergie, die anderen verwenden die Begriffe »Blödsinn«, »Schwachsinn«, »Scharlatanerie«, »Betrug« oder »hochgradige Störung der psychischen Gesundheit«. Ein Beispiel:

Wir alle brauchen Orgon-Energie!

Eine schillernde Persönlichkeit: Der Arzt, Psychoanalytiker, Sexualforscher und Soziologe Wilhelm Reich entdeckte 1939 die Orgon-Energie, eine Art kosmisches Lebenselixier, an der es uns nach Meinung von Verschwörungstheoretikern mangelt. Wer mag, kann sich einen Orgon-Energie-Akkumulator anschaffen und Lebensenergie aus der Umgebung auftanken, indem er sich regelmäßig in einen bis zu 1800 € teuren Kasten setzt. Wer mag, kann seinen Orgon-Akkumulator mit vier Rosenquarzen in den Ecken zu einem Orgon-Engel-Akkumulator umbauen und damit auch noch himmlische Energien auf seinen Körper und Geist umleiten – wertvolles Wissen, das uns allen bisher vorenthalten wurde.

Die Homöopathieverschwörung

Der perfide Plan der Konzerne: Die Pharmaindustrie will ihre eigenen Heilmittel verkaufen. Deshalb macht sie nicht nur die Naturheilkunde schlecht, sondern diskriminiert auch die Homöopathie, die wahre Wunderdinge bewirken kann. Samuel Hahnemann, der Erfinder der Homöopathie, ging von der ebenso eleganten wie fragwürdigen These aus, dass ein Stoff, der Gesunde krank macht und bei ihnen ein bestimmtes Symptom hervorruft, genau dieses Symptom bei Kranken lindert und sie gesund machen kann. Belege für diese These gibt es nicht, alle homöopathischen Heilmittel erwiesen sich im Doppelblindversuch als wirkungslos – aber genau das ist ja nach Meinung der Homöopathen die Verschwörung. Auch hier will man uns wertvolles Wissen vorenthalten.

Die Erde ist hohl!

Unser Planet besteht nicht aus Gestein – außen hart, im Zentrum flüssig –, sondern ist hohl und zu allem Überfluss innen auch noch bewohnt. Die Eingangspforten finden sich an Nord- und Südpol, Nebeneingänge durch Tunnel in den Höhlensystemen verschiedener Gebirge erleichtern den Zugang wie auch eine Pforte unter den Pyramiden von Gizeh. Offenbar sind die Lebensumstände in der Erde besser als die auf der Außenhülle, denn die Menschen, die dort leben, erreichen eine Größe von 4 Metern und werden mindestens 600 Jahre alt. Norwegische Fischer, die es schon einmal nach innen geschafft hatten, berichten über die Verhältnisse dort: Zwei Drittel der Innenwelt bestehen aus Land, ein Drittel bildet so etwas wie ein inneres Meer. Natürlich gibt es auch Ortschaften und Städte, die beiden wichtigsten und größten heißen Eden und Delphi.

Nach einer anderen Spielart dieser Verschwörungstheorie benutzen die Bewohner der inneren Erde fliegende Untertassen als Fortbewegungsmittel – sie sind es, die für immer neue Ufo-Sichtungen sorgen, wenn sie Ausflüge nach draußen unternehmen. Dieser Sachverhalt ist an entscheidender Stelle bekannt, aber die Regierungen und Geheimdienste praktizieren Geheimhaltung. Einige Hohlerdegläubige vermuten im Erdinnern eine noch speziellere Sorte Menschen: Nazis mit ihren Reichsflugscheiben – sie haben sich nicht, wie anderswo vermutet, zum Südpol nach Neuschwabenland zurückgezogen, wie der Begründer des Neuschwabenland-Stammtisches Dr. Axel Stoll vermutet hat, sondern treiben ihren Irrsinn nun unterirdisch weiter.

Überhaupt: Zwischen den Nationalsozialisten und der Hohlwelttheorie scheint eine besondere Anziehungskraft zu bestehen. Mancher war fasziniert von dem umfassenden Konzept eines Universums auf der Grundlage der Theorien des amerikanischen Arztes und Religionsgründers Cyrus Reed Teed (1839–1908), der behauptete, dass die Menschheit auf der Innenseite einer Hohlkugel lebe. Weitergedacht besteht das ganze äußere Universum aus Fels, die Theorie eines unendlichen Alls wird als jüdische Abstraktion verworfen, das endliche runde Universum als ein »ganz und gar arisches Konzept« gesehen. Nach diesen Vorstellungen ist ein Blick in den Himmel eigentlich ein Blick nach innen: Sterne, Planeten, Kometen und Milchstraßen befinden sich im Zentrum des hohlen Universums, das übrigens einen Durchmesser von ungefähr 12 700 Kilometern besitzt, also mehr als eine Nummer kleiner ist als der tatsächliche Kosmos.

Die Erde ist flach!

Eine der beliebtesten Ängste unter Fernreisenden vergangener Zeiten könnte es gewesen sein, bei einer allzu langen Expedition vom Rand der Erde – oder genauer gesagt: der Erdscheibe – in die Tiefe zu stürzen. Die Erde eine Scheibe – wer glaubt denn so einen Quatsch? Unser Planet ist keine Kugel, aber immerhin ein Rotationsellipsoid nahe an der Kugelform, so weiß es jedermann, und vor allem die Wissenschaft – bis auf ein paar unbeugsame … Gallier? Nein, natürlich nicht, bis auf ein paar unbeugsame Anhänger der Flat-Earth-Verschwörungstheorie, die behauptet: Die Erde ist eine Scheibe! Aber man sieht sie doch überall, die Erdkugel, ob als Foto der NASA oder in Videos … Alles gefälscht, eine geheime Organisation will die Allgemeinheit mit der Kugellüge vorsätzlich täuschen. Astronomie, Mathematik, Geometrie, umfangreiche wissenschaftliche Messungen und Untersuchungen – alles erstunken und erlogen! Die Flat-Earth-Verschwörung ist eben eine perfekte Form der Wissenschaftsleugnung.

Quelle der Verschwörungstheorie von der flachen Erde ist ein Mensch namens Samuel Rowbotham (1816–1884), der Gründer der Universal Zetetic Society, einer Vorläuferorganisation der Flat Earth Society, die eine flache Erde propagiert. Rowbotham leitete die flache Erde aus der Bibel ab, bestimmte Stellen darin ließen keinen anderen Schluss zu. Er sah unseren Planeten als eine flache Scheibe mit dem Nordpol im Zentrum, umrandet von Wällen aus Eis. Auch in sonstigen astronomischen Einschätzungen war er sehr kreativ. So schätzte er den Weg von London zur Sonne mit weniger als 4000 Meilen einmalig kurz ein. Rowbothams Anhänger stritten sich mit den Wissenschaftlern des 19. Jahrhunderts, die Debatte mit dem Naturforscher Alfred Russel Wallace war einer der Höhepunkte der Auseinandersetzung. Nach dem Ersten Weltkrieg flaute das Interesse an der flachen Erde ab, die flachen Ideen überlebten aber in den Vereinigten Staaten: Die Christian Catholic Apostolic Church propagierte sie weiter.

Als Mitte des 20. Jahrhunderts die ersten Fotos der Erde aus dem Weltraum veröffentlicht wurden, versuchten sich die Anhänger der Flat-Earth-Theorie zu retten, es handle sich um eine Verschwörung. Mit ein paar Tausend unterschiedlich organisierten Anhängern überdauerte die Idee von der

Erdscheibe viele Jahrzehnte, aber 2001 schien mit dem Tod von Charles K. Johnson, dem Präsidenten der International Flat Earth Society, die Begeisterung ein Ende gefunden zu haben.

Neuen Auftrieb bekam sie durch den neuen Präsidenten Daniel Shenton, der die Organisation im Oktober 2009 ins Internet brachte und dort um Mitglieder warb. Im Jahr 2019 hatte die Flat Earth Society bereits wieder 200 000 Follower auf Facebook, die aber zum Teil die eigene Organisation heftig bekämpften – die Flat Earth Society sei eine staatlich kontrollierte Organisation, die versuche, die flache Erde mithilfe von gezielter Desinformation unglaubwürdig zu machen. So sind Verschwörungstheoretiker.

Nach einer Studie aus dem April 2018 war ungefähr ein Drittel aller 18- bis 24-jährigen US-Amerikaner der Ansicht, die Erde könnte durchaus eine Scheibe sein. Beweisen konnte das leider noch niemand, aber das »Project Edge« sollte endlich Klarheit bringen: Ein Team von Wissenschaftlern sollte sich auf den weiten Weg machen und den Rand der Erdscheibe live streamen. Man hat nie wieder etwas von ihnen gehört und konnte auch keinen Kontakt zu der Gruppe mehr aufnehmen – vielleicht sind sie über den Rand gefallen.

Pyramiden unter dem Eis

Es gab eine Hochkultur in der Antarktis! Ein Forscherteam fand die von Eis und Schnee überzogenen Reste von Pyramiden in einem der unzugänglichsten Gebiete unseres Planeten. Doch die Tatsache, dass dort eine alte Hochkultur existiert hat, wird uns vorenthalten … Von wem? Und warum?

Nachtleuchtend

Kaum zu glauben, aber das Stanford Research Institute soll einen Mann entdeckt haben, dessen Körper nachts leuchtet. Diese Information wird uns weitgehend vorenthalten, vermutlich, weil die Lobby der Nachttischlampenhersteller massive Konkurrenz befürchtet oder weil der Interessenverband der Nachtportiers Nachteile für seine nicht leuchtenden Mitglieder befürchtet. So ganz und gar unwahrscheinlich erscheint(!) diese Erkenntnis nicht, denn japanische Forscher entdeckten ähnliche Sachverhalte: Der gesamte menschliche Körper leuchtet allerdings mit einer so geringen Intensität, dass unsere Augen das bisschen Licht nicht wahrnehmen können – es müsste tausendmal stärker sein.